中华先贤人物故事汇

范蠡

沈 念 著

中华书局

图书在版编目（CIP）数据

范蠡/沈念著. —北京:中华书局,2022.1（2025.2 重印）
（中华先贤人物故事汇）
ISBN 978-7-101-15322-4

Ⅰ.范…　Ⅱ.沈…　Ⅲ.范蠡-生平事迹　Ⅳ.K827＝25

中国版本图书馆 CIP 数据核字（2021）第 172359 号

书　　　名	范　蠡
著　　　者	沈　念
丛　书　名	中华先贤人物故事汇
责任编辑	董邦冠
美术总监	张　旺
封面绘画	冯　戈
内文插图	顾梦迪
责任印制	管　斌
出版发行	中华书局
	（北京市丰台区太平桥西里 38 号　100073）
	http://www.zhbc.com.cn
	E-mail:zhbc@zhbc.com.cn
印　　　刷	三河市宏达印刷有限公司
版　　　次	2022 年 1 月第 1 版
	2025 年 2 月第 4 次印刷
规　　　格	开本/787×1092 毫米　1/32
	印张 4¾　插页 2　字数 50 千字
印　　　数	14001-16000 册
国际书号	ISBN 978-7-101-15322-4
定　　　价	20.00 元

出版说明

孔子周游列国，创立儒家学说；张骞出使西域，开辟丝绸之路；书圣王羲之，留下了曲水流觞的佳话；诗仙李白，写下了"举头望明月，低头思故乡"的名篇；王安石为纠正时弊，推行变法；李时珍广集博采，躬亲实践，编撰医药学名著《本草纲目》……

这些杰出的历史人物，有的是在中华民族文明进程中做出过突出贡献、对后世产生过巨大影响的思想家、政治家，有的是对中华优秀传统文化的传承传播发挥过重大作用的文学家、艺术家、科学家，有的是为国家安定统一、民族融合团结和中外文化交流做出过杰出贡献的军事家、外交家……他们为中华民族的繁荣发展做出了伟大的贡献，他们的行为事迹、风范品格为当世楷模，并垂范后世。

他们是中华民族的先贤人物。他们的思想、品德、事迹，是中华优秀传统文化的结晶。他们的故事，是对中华民族的禀赋、特点和气质最生动、最鲜活的阐释。他们的名字，在五千年中华文明史上最为光彩夺目。他们为五千年中华文明史书写了最为光辉灿烂的篇章。

为了解先贤，走近先贤，我们精心组织编写了这套《中华先贤人物故事汇》丛书。以详实可靠的史料为依据，以细腻动人的故事为载体，真实地呈现中华先贤人物的事迹、品格和精神风貌，彰显他们的贡献和功绩，以激发人们对国家民族的热爱，对中华文明、中华优秀传统文化的崇敬。

开卷有益，期待这套丛书成为你的良师益友。

目 录

导　读

　　范蠡（前536—前448），字少伯，楚国宛地三户（今河南淅川滔河乡）人。春秋末期政治家、军事家、经济学家，堪称中国历史上的一位奇人。《史记·越王勾践世家》《吴越春秋》《越绝书》等记载有范蠡不平凡一生的主要事迹。

　　范蠡出身贫贱，年少时行事怪异，狂放不羁，实则博学多才，胸怀大志。楚宛县尹文种三顾草庐，与之相识深交，引为知己。后范蠡不满当时楚王昏庸、政治黑暗、报国无门，得文种之邀投奔越国，辅佐勾践，在春秋诸侯纷争的战乱时代，创造了助越称霸的一段历史佳话。

　　公元前496年，槜李之战，吴王阖闾负伤身亡，吴、越交仇。其子夫差励志兴吴，夫椒（今无锡太湖马山）恶战，于会稽山围困越军。范蠡劝导勾践"屈身为奴以事吴王，以图东山再起"，并不离不弃随勾践赴吴为奴。历经三年身心受辱，范蠡巧计瞒骗吴王，利诱吴臣，终使勾践获释归国。归国之后，面对弱国哀民，范蠡展现出卓越的治国才华，与文种一道助越王施策九术，富民强国，练兵兴军。十余年后，弱小的越国渐渐壮大，以弱胜强，完败吴国，称霸中原，也演绎出历史上卧薪尝胆、扶危定倾的精彩典故。

范蠡功成名就，被越王封为上大夫，但他不恋权位，全身而退，悄然离去。他更名易姓，泛舟五湖，入齐经商，聚财散财，也乐于授人生财之道。在越为范蠡，在吴为陶朱公，在齐为鸱夷子皮。他是驾驭财富的高手，三次经商成巨富，又三散家财。民间后来有许多生意人供奉他的塑像，尊之为财神。

纵观范蠡一生，从凡夫俗子至治国良臣，从兵家奇才至商界圣人，是当之无愧的中国古代谋臣的楷模，也是第一位弃政经商的商界英雄。他有深谋远虑的胸襟，有超出常人的隐忍，更有仁爱百姓、乐善好施的气度。汉史学家司马迁评论说：范蠡三迁皆有荣名，名垂后世，臣主若此，欲毋显得乎？……与时逐而不责于人。世人誉之："忠以为国，智以保身，商以致富，成名天下。"

一、入越

夜半醒来，风清月白，万籁俱寂。

范蠡披衣下床，开门而出。不远处，那棵屹立眼前的古树，被月光映照得通体发亮，如擎天柱般，撑起异国他乡的山水天地。

这是他随越国大夫文种入越的第一个夜晚。

连日奔波，从故国楚地跋山涉水而来，他感到脚下有一股下坠的力量。只要轻轻跺脚，地面就会发出地震般的声响。那响声里，有喊叫、呼号、啜泣、流涕……蜂拥而至，跌跌撞撞，像一块巨石炸裂成万千碎片，割裂着他的心。

生逢乱世，民生多艰，身居乡野之地的他，纵然有着鸿鹄之志，却时常感到前程混沌。有报国之心，无报国之路。楚平王统治下的楚国，政治昏庸，权贵当道，纵有满腹才华，不去贿赂买官，没有权贵提携，想跻身庙堂、施展抱负，也是难于上青天。

途中，与老友文种纵论国事，他的胸中像潜伏着一条巨流河，时而奔腾，时而沉默。文种描绘的未来，像一支火炬，把他的激情点燃。

"贤弟，越王礼贤下士，越国最需要您这样的人才。随我入越，辅佐有功，必有闻达之时。"

这些年，范蠡何尝不是在等待最佳时机的到来？

"真如文种所言，竖子成名，却是要选择越国？"他是个一旦下定决心，就不会轻易改变的人。但这个反复缠绕在心中的问题，终于在今夜迎刃而解。

文种是他信任和敬佩的人，坦诚相见，亦师亦友。踏进越国边界，他眺望那些被绿色缠绕的山岭湖汊，想看看未来走一条怎样的路。但层峦叠嶂，林荫覆盖，烟波缥缈，似乎所有的道路都消失了。往前慢行，又总会不期相遇从林中、地间、湖汊走到眼前、经过身旁的农夫、渔樵，从他们平实沉着或言笑晏晏的神色中，他瞬间明白了——路是从自己的脚下迈出且向前延伸的。

日暮时分，和文种分手，他提出单独到越地走访些时日，正好深入了解一下越国民情，并约好一月后越都相见。

文种知其心意，先行离去，禀告越王复命。

夜宿附近的一户樵夫人家，范蠡做了一个冗长的梦，梦见了从未谋面的父亲。

那是一个高大却模糊的身影。

他出生的时候，父亲范石恳就死了，家人却都还蒙在鼓里。那时的日子虽然过得艰难，但父亲在远方的存在，让全家人特别是母亲充满信心。从懂事开始，母亲就向范蠡说起，范家祖辈农耕渔猎为生，父亲身强体壮，喜欢舞刀弄剑，每逢楚国发生战事，他就应召入伍参战。从乡邻的嘴中，父亲为国立功的英勇事迹，像一颗种子落在范蠡的心田，生根发芽。

父亲最后一次离开家，是家乡遇到虫害，辛苦耕作一年的田地，颗粒无收。正值楚、晋和好，为生活所迫的范石垦，就投奔到晋国辛氏望族的计倪门下。忠诚正直的父亲深受计倪信任，成了一名随身护卫。好景不长，辛氏家族遭到晋国王室觊觎，被以莫须有之名治罪捕杀。为了掩护计倪出逃，父亲不幸负伤身亡，临死前，他托计倪照顾一家老小。计倪逃到楚国后，隐姓埋名，以好友身份暗中帮扶范家。

几年后，母亲薛氏得知丈夫不在人世后，悲伤绝望，投湖自尽，范家两兄弟成了孤儿。兄长范伯勉强可以自食其力，但那时的范蠡只是个刚到启蒙年龄的孩子，乡邻们都叫他范少伯。计倪开馆办学，将范少伯收到门下，用心教育培养。从小野性惯了的范蠡，对捕鱼、打猎、游戏情有独钟，偏生不爱死记硬背。计倪就索性将课堂搬到山林野外，教他农耕、畜牧、渔猎之法，也教他健身、习剑，以及观天象、排兵布阵之术。范蠡很喜欢这样的学习生活，平时在与玩伴们的游戏中，他也常常巧花心思，出奇制胜，打败对手。

真是一段欢愉的童年时光。

半夜醒来，范蠡看到发着光亮的古树，隐约有长啸之音传入耳中。声音像一股旋流，又像是梦中所见。他有恍若隔世之感，在楚地的那些闲散日子，从此就要结束了。从明日开始，范少伯的人生结束，范蠡将取而代之开启新的生活。

一切未知，都将随着时间的到来而到来。范蠡心潮起伏。

他朝着家乡的方向磕头叩拜，泪眼婆娑。起风了，他抬头看看夜空，一片薄纱般的烟云被风吹散，仿佛听到清泉石上流的静谧和美好，又倏忽变成了那千军万马的怒吼和嘶鸣。

这一年，是公元前511年，范蠡二十五岁。

寻找范蠡的途中，文种心情复杂。

四年前，楚、越结盟，他留在了越国，被任命为大夫，辅佐太子勾践。

时间就像一个舞台，诸国扮演各种角色，登台演出，又退场谢幕。楚、晋争霸中原，战事连年，劳民伤财。晋国联吴制楚，楚国昏王当政，王臣百姓离心离德，国力衰退，军事渐弱。慢慢壮大起来的吴国，率领伐楚同盟军长驱直入，攻陷了楚国郢都。

那时的文种，还只是楚国宛县的县尹。他虽饱读诗书，满腹经纶，精明干练，但上不了前线战场。每每听到敌军进犯、楚军防御不力的消息传来，他心中就像压了千钧重石，终日郁郁寡欢。怀揣霸主野心的吴王阖闾，身边有孙武、伍子胥出谋划策，如虎添翼，用兵如神，战无不胜。

文种最忌惮的是伍子胥这个人。

伍子胥原名伍员，是从楚国流亡到吴国的。当时的伍家在楚国地位显赫，然而在一场王室的政治风波中站错了队，父亲伍奢遭到打压迫害。因为支持失势的太子，身为太子太师的伍奢沦为了阶下囚。

楚平王连自己的亲生的儿子都能斩杀，何况一位站在对立面的臣子？在太傅费无忌的挑拨唆使下，他不想留下后患，也害怕将来伍家两个儿子复仇，就依着费无忌的诡计，写信引诱伍员、伍尚兄弟俩，声称只要他们回到楚都，就既往不咎，放父子三人一条生路。

伍员知道这是圈套，回去必定难逃一死。性

命都保不住，将来如何报这杀父之仇？果然不出所料，忠厚耿直的伍尚一回到郢城，就与父亲一起被楚平王杀害了。于是伍员更名伍子胥，逃到了吴国。

杀父杀兄之仇岂能不报？身负血海深仇的伍子胥暗暗发誓，迟早要报仇血恨。他投到吴国公子光门下，后来公子光继位，即吴王阖闾。被赏识重用的伍子胥，成了吴王身边的心腹大臣。他一面帮吴王练兵强国，一面采取"彼出则归，彼归则扰"的战略攻扰楚国，把楚国看作"眼中钉""肉中刺"。

吴王阖闾即位的第三年，采用伍子胥的计策，率领伐楚盟军，避开楚军主力，迂回闯入楚国腹地，双方决战于柏举，被包抄分割的楚军大败，郢都被攻破。

伍子胥命人掘开楚平王之墓，开棺鞭尸，以泄家仇之恨。可悲的是，年轻的楚昭王只顾自己逃命，连母亲和妻子也丢下不管，逃亡到了随国（今湖北随州）。吴王阖闾命将士按官职尊卑，瓜分财物，占有楚国王室官员妻妾，都城一片狼藉，哭号连天。

"楚国人帮着外人打败了自己的祖国，真是屈辱啊！"文种向范蠡述及这段战事时，为亡国痛心疾首。

"后来若不是楚大夫申包胥跑到秦国求援，在秦国的宫墙外哭了七天七夜，以这份忠诚之心感动了秦哀公，换得出兵相助，吴王恐怕还在郢都肆虐、作威作福啊！"

"社稷遭难，宗庙被毁，受苦的是百姓。"范蠡心生感慨。

"昭王现在痛定思痛，复国心切，这才向西迁都上鄀（今湖北宜城），重建法治，安定百姓；重树军队信心，并决定与越国结盟。"文种说。

"弱国结盟，对牵制恃强者来说，也是无奈之中的上策。"

"我的使命，就是帮助越国发展，伺机打击吴国。"

"说说入越的经历吧？"范蠡好奇地打听道。

文种沉思片刻，抬头远望，目光中流露出坚毅的神情。他是随同申包胥、将军冯同、楚平王三兄长子平之女芈季爰一同入越的。这次楚国元气大伤，若要短期实现复国之愿，比登天还难。

越国地处东南，属东夷之地，虽与吴国的语言文化、衣食住行非常相似，但时常被吴欺压，可谓是同病相怜。有人向楚昭王建议："若两国建交结盟，东西牵制，吴国也有所顾忌，不敢恣意妄为。"

文种身为出访使臣，知道也许这是一趟没有归途的出访，楚昭王有意让他们留下来，辅佐越国强盛，以图长远之计。当时的越国，越王允常年迈多病，只求平安度日；太子勾践雄心勃勃，苦于尚未掌权，不能建功立业；权臣石买跋扈专权，心心念念的只是权力的分配和地位的巩固。

越王允常十分礼节地款待楚国来使，但言谈举止之间，流露出为难之情。

他说道："从前楚国是大国，越国只能仰仗，两国交好，越国求之不得，实乃莫大荣幸。但小小越国，势单力薄，有心无力，恐怕帮不了楚国。"

文种一眼洞穿了越王的犹豫和怯弱，说："诸侯纷争，守一时，不能守一世，攻守兼备才是上策。弱小也并非意味着要挨打，关键是合纵连横，强国强军，这才不失为治国、兴国之道。"

他的话吸引了在一旁聆听的太子勾践。勾践英武健壮，意气风发，虽未主政，但心中对霸道的吴国早已不满。他问道："依先生之见，越国与楚结盟，又要如何奋发图强才至称霸中原？"

文种向太子鞠躬施礼："吴国此次攻楚虽胜，但吴王骄奢，目光短浅，起用的外邦能臣视楚为敌，杀伐之心太重，必招人记恨。越国历来温和友善，国君开明，胸怀美德，百姓勤劳朴素。若同心合力，休养生息，有楚相助，稍加几年，国力必将超过吴国，创立霸业非越莫属！"

这番慷慨陈词，勾践听得热血沸腾。但仍心存疑虑，说："话是这么说，但越国要发展，非一时之力能成，又无贤臣辅佐，怕是纸上谈兵，画饼充饥。"

芈季爰公主出列施礼，微笑着说："王兄此次令宛县尹、冯将军和小女过来，就是要留在越国，共图发展大计。"

勾践大喜，当即向父王请求留下几位援越之士。越王允常知道越国的未来是需要勾践去创造的，结盟交好，有楚相助，未尝不是一件好事，身边又有这些贤忠之臣辅佐，他也大可放心了。当即诏命文种、冯同为越国大夫。

楚、越结盟之后，身负兴楚使命的芈季嫒公主也留在了越国。没过多久，她与勾践互生情愫。年底，太子新婚，举国欢庆，楚国王室女成了越国的太子妃。

文种入越后，时常被勾践召集问计强国之道。

纸上河山，纵横捭阖，勾践的野心一天天膨胀，仿佛不久的将来，越国已将吴国超越，称霸中原。但他心里知道，弱小的越国要想真正强大，最需要的是能为国献计出力的人才。人才当然是多多益善，他的门下原本就收罗豢养了上千名门客。他们有的身怀绝技，武艺超群；有的博闻强记，口若悬河；但勾践感觉这些人中间，有大智谋、大智慧的人太少了。

有一天，勾践召来文种，问道："楚国曾经称霸一方，人才必然不少，伍子胥投奔吴王，才有了吴国军队的强盛。先生能再去楚国打探到比伍子胥更好的人才吗？"

文种自入越之后，也在四处寻觅可堪重用之人。可惜的是越国地处荒僻，偏才之人多，但难觅有统筹的大才者，这让他经常怀念在宛地结识的朋友范少伯。眼下勾践主动提起，他回禀道："太子想找的人，我曾在楚国结识一位，天赋异禀，行事怪异，又有谋略抱负藏于心中。"

"快说说这是一位怎样的异人？"

"亦痴亦醒，时人尽以为狂。"

"真如先生所言，普通人又怎能懂？"

"是呀，士有贤俊之姿，必有佯狂之讥；内有独见之明，必有不智之毁。"

"所言甚是，此人现在何处呢？"勾践问。又催促文种细细讲述这位异人的狂妄之事。

当年，文种还在宛当县令时，一次偶然的机会，听说境内的三户里村有个叫范少伯的人，行径古怪，言谈痴狂，喜欢独来独往。他常年背把竹剑，却从没当众练过剑；袖藏一管竹笛，却只在

不用说，这位衣装破烂、蓬头垢面的人就是文种要找的范少伯。

人们清晨沉睡梦乡时吹奏。当地人称他为"疯子范",也有人称他"楚狂人"。

文种决定亲自去拜访一下这位人们眼中的疯子。一名邑吏劝阻他说:"一个穷小子,一个穷疯子,邑令怕是会大失所望的。"其余手下人也纷纷劝他还是不要白跑这一趟了。

别人越劝阻,文种就越想去探个究竟。

来到三户里,村民听说县令来了,都跑出来迎接,并把他引到房屋破旧的范家。文种绕屋走了一圈,却见房门紧闭,冷冷清清。突然听到院墙根下传来一阵接一阵的狗吠声,众人有眼尖者,捂嘴窃笑,示意文种细看墙根下的破洞。

"汪!汪!汪汪!"原来是一个人顶着满头乱草,藏在洞里学狗叫。

不用说,这位衣装破烂、蓬头垢面的人,就是他要寻找的范少伯。

若换作他人,见此情景,早就扭头走了。文种上前,恭敬地作揖问好。可范少伯头也不抬,正眼不瞧,吠叫几声,又转身走了。

围观看热闹的村民都哄笑起来。

第二天，文种又来了。正巧碰上范少伯骑牛外出，文种谦逊地上前问好，但他连看也没看一眼，昂着头，优哉游哉地吹奏着他的竹笛。只听竹笛之音清越激扬，自成曲调。有的年长的村民见他如此无礼，厉声训斥，他也无动于衷，径直骑牛走了。文种微笑不语，目送他远去。

范少伯的笛音中有一股浩然之气，非一般人所能吹奏。文种非但不恼，反而更认定了他非平常之辈。

第三天一清早，范少伯梳洗干净，衣装整洁，在家恭候。没过多久，文种又来了。这次，范少伯拱手作揖，道歉请罪，以礼相待。两人席地而坐，亲密交谈，一见如故。此后，县令就成了范家常客。范少伯博闻广识，看事论事观点独到。相聚之时，谈古论今，天文地理，农耕军事，两人常常畅谈到深夜。文种屡屡被他的奇思妙想、大胆之策所吸引，愈加心生敬意。范少伯觉得文种虚怀若谷，审时度势，心忧天下。两人只恨相见太晚，互相引为莫逆之交。

交往时日一长，文种愈发认定范少伯将来必

是成大事之人。有一天，两人交谈甚晚，文种说："贤弟断不会久居乡野，到时天下都会知您显赫大名，可否改一名？"

范少伯略一沉思，说："若改名，我就改为范蠡吧。"

文种讲完与范少伯结识的前后经历，勾践听得哈哈大笑。他说："既然先生识得此等奇异之人，就赶紧帮我请到越国来吧！"

有了勾践的支持，文种赶紧派人四处打探，得知范蠡经常四处游走，没有固定踪迹。一个月后，范蠡从外地回到了三户里，听到消息的文种，当即赶往范家。

老友重逢，格外欣喜。还是在那间旧屋里，两人彻夜长谈。

范蠡说："恕我直言，这半年多来我观天象，东南方有王者之气浮动。这东南方向，就在吴、越两国分野之处。楚、晋争霸多年，日渐衰败，新的霸主必将在吴、越之间产生。"

"孙武、伍子胥投奔吴国，吴王联合诸侯盟军攻破楚国，非常强势。楚国已危，贤弟报效国家，须另行计议啊！"

"我等若去了吴国，相信不久的将来，吴国很快就会号令天下。"

"万万不可！吴国朝中有孙武、伍子胥，深受吴王信任，岂能容我等立足？"文种焦急地劝阻。

范蠡呵呵一笑，他不过是想试探文种的心意。他出生于乡野之地，素来爱做挑战自己也挑战对手的事。现在吴国强盛，咄咄逼人，这样的对手，越国是惹不起的。但在他心中，越国充满着未知，还是一张空白的蓝图，他可以极大地施展自己的才华。

"如果有朝一日，我们助弱越战胜强吴，也是此生之自豪。"文种说。

"您怎知我们能有机会取胜？"

"输赢不过是阴阳循环，强弱也会转化，贤弟是大智慧之人。"

"知我者，文种也！"范蠡从来都坚信一点，凡事若把最坏的结果考虑到了，并能接受它，就能做到心无顾忌、一往无前，最终也才会否极泰来。

晨曦初露，微风习习，人们眼中的"疯子范"，悄无声息地离开了生活二十多年的故土。

二、论道

一个月后，范蠡如约走进了越国都城。

说起越国的历史，可以追溯到上古治水的大禹。大禹沿长江巡访，到了会稽山，因病逝世，也就埋葬在了此地。大约公元前1900年，大禹的第六代后人、夏王少康的儿子无余，来到会稽山守护大禹之墓，后被封为越国的第一任国君。无余死后，他的后人也就一代代留在了这里。越国境内水域、丘陵多，但在中原各国眼中，它永远都是地处偏远的蛮夷之地。直到越王允常的先王时代，越国才渐渐发展起来。

越王允常听说这位楚国的奇才终于来了，就迫不及待地召见了他。

风尘仆仆的范蠡来不及梳洗换装，一身布衣，头发凌乱，神色憔悴，前去觐见。

越王允常皱了皱眉头，心想："太子勾践、大夫文种都夸此人是治国之才，孤耳朵都要磨出茧子了，不曾想却是个其貌不扬的毛头小子。孤且相信人不可貌相，但也要考考他！"

他问道："楚、越结盟，越国励精图治，上下一心，若要战胜强吴，几年可获成功？"

此行入越一月，范蠡一路寻访观察，对越国现状和基础已有深入了解。年老体弱的允常是个守旧之人，体弱多病，精力匮乏。楚、越结盟之后，他也只是贪图眼下的安逸，从楚国那里得到物资和军事的援助来壮大国力，并没有采纳好的发展对策来强大自己，更不敢在战略上对吴采取行动。他把都城建在会稽山南麓，这里地势险要，易守难攻，但对发展而言并无多大益处，对外号令也常被部落置若罔闻，连境内各个部落的力量也难以整合在一起。想与强吴抗衡，还远未到达那一地步。

对越王的提问，范蠡并不着急直接回答，而是与他谈论起对"道"的理解。

他说："老子云：'道生一，一生二，二生三，三生万物。万物负阴而抱阳，冲气以为和。'国之盛衰，有天时地利，有阴阳强弱。以天道治国，顺乎自然；以王道治国，民富则兵强；以人为本，乃为社稷之基。"

越王允常没耐性听这些大道理，眼下需要的是应对良策。他打断道："当下时局，吴强越弱，扭转局面，十分紧迫。先生所言的王道，放之四海而皆准，孤认为并非最好的强越之路，怕是王道尚未实施，就已被强敌杀到家门口，早亡于吴国之手了啊！"

范蠡心知越王性急，却偏不迎合，说："冰冻三尺，非一日之寒！"

初次见面，范蠡并未带给越王允常惊喜。他谈的那一套长远之计，也不合越王心意。越王对其提出的"先富民后强国、民富则兵强"的治国思路颇为反感，他暗自嘀咕："老百姓都很富有了，岂不随时就能造孤的反吗？"

越王允常忍着心中的不快，说："孤来日不多，看不到这一天啦！先生路途奔波，且先下去歇息吧！"

大臣石买此前非常担心传闻中的奇才范蠡被越王赏识重用，分了自己手中的权力，一直很是焦虑不安。趁着送越王回宫休息之机，他又搬弄是非："依臣看，楚国奇人不过如此，空谈大话，听起来觉得有理，实则空洞无物，冠冕堂皇。"

见越王没有言语，他又说："喜欢炫耀的人，大多是不讲信用的。范蠡真要是有才，怕早在楚国就已被任用了。臣打探得很清楚，他就是一个久居乡野的疯子狂人，并不是什么大才大德之人。最关键的是，他非越人，将来恐难与越国同心。"

越王允常听进心里，有了疙瘩。又令人传话文种："范蠡初来乍到，且先安顿住下，在城里四处走一走，熟悉一下民情民俗。"

范蠡在文种府上住下。当晚，勾践来访。

范蠡在宫殿之上就观察到了这位一直在旁认真倾听的太子。勾践长得太奇怪了，个子又高又瘦，脸庞狭长，一双鼠目，两眉距宽，发疏须稀，鼻如鹰钩，嘴似鸟喙，给人以胸狭阴鸷之感。

看到这面相，他心里一惊，私下对文种说："太子勾践假以时日，定成大业。"

文种说："何以见得？"

"乱世之下，有野心的人，也是进取心强的人。若勾践继位，我留在越国才有意义。"

越王对范蠡表现出来的冷落之意，文种心中生愧，见他如此通达，才略感宽慰。见到勾践来访，文种很认真地说："成大功者不拘于俗，论大道者不合于众，请太子不要错过这位楚国奇才。"

勾践笑道："再请范先生说说王道吧！"

"若王道用好，称霸天下，只是时间问题。"范蠡依旧不改觐见越王时所持的观点。

"先生说王道要以人为本，富民而强国。如何富民？又怎样强国呢？"

"靠山吃山，靠水吃水，既重农，也营商，民小富则国大富。国力强盛，民强兵壮，勇战之国必称霸。"范蠡说，"以太子的胆略，用人治国有方的话，国强民富之路并不遥远。"

强越之路到底需要多长时间，也是文种迫切想知道的。他正猜想勾践是不是越王派来再次试探范蠡的，就插嘴问道："若越国团结齐心，在百姓中推广农、工、商，在治国上安邦强军，最短费时需要多久呢？"

范蠡微微一笑："十年之内，崛起有期！"

勾践听到这里，甚为欢喜，摸了摸自己的鹰钩鼻子，十年之期，这让他对未来充满信心。连续几日，他都前来与范蠡商谈强国之策，越听越觉得这是一位务实、有谋之人，越国若多些这样的谋臣，就不用担心崛起遥遥无期了。

好几次，他想给范蠡赠送府第和女婢，都被拒绝了。

范蠡说："草民刚到越国，未立寸功，却得此赏赐，恐让太子落个赏罚不明的坏名。"

勾践甚是感动，对他越发倚重，每有事宜，时常会听听他的建议。

有一天，勾践说："有一事相托，素闻先生深谙剑术，必知民间冶剑高人，可否去寻访并打造一把镇国之器，将来也可在沙场上建功立业。"

身负使命的范蠡，最先想到的是越国境内湛卢山的铸剑大师欧冶子。

第一次听到欧冶子大名，还是从老师计倪嘴中。他决定只身前往，并带上了入越后埋在古树下的那把竹剑。

这可不是一把普通的竹剑，看似轻巧，却是沉甸甸的，里面藏有计倪送他的一块玄铁。计倪赠剑时，再三叮嘱，非时势所迫，不要轻易取出其中的玄铁。范蠡知道老师的心思，剑乃杀戮之物，与王道相违；但诸侯纷争，吴、越之战，在所难免，只是时间问题。眼下，勾践有兴国之雄心，有对战之野心，他既为人臣，必然是全力辅助，管顾不了那么多了。

湛卢山在越国最南端。入越后，范蠡听人常常说起，那里风景优美，不少修仙求道之人隐姓埋名，藏于深山老林。行至山脚，抬头瞻望，山势雄伟，山中林木苍翠，云雾浮凝，风摇叶喧，泉水和鸣，鸟雀欢语。

范蠡一路打听，却发现很多人都已忘记他要寻找的铸剑高手。当年，欧冶子历时三年，铸成龙泉宝剑献给楚昭王而天下闻名。龙泉剑出，斩金截玉，锋利无比，楚昭王爱不释手，视为镇国之宝。

可惜后来吴军侵犯，宫中混乱，宝剑流失民间，不知所终。

山路回转，范蠡沿山路上行，到得山间一坡顶，豁然开朗，两间简陋茅屋，两面陡峭山石相夹，泉水淙淙，松风习习。再看身后，幽谷层峦，风景尽收眼底。

"真是一块神仙宝地、世外桃源！"范蠡暗暗赞叹。

一位身材高大、精神矍铄的老人，向他走来。他定睛细看，老人脸阔额圆，紫铜色的皮肤像面镜子，发光闪亮。

范蠡上前施礼，诚恳地问道："请问是欧冶子老先生吗？"

老人打量了他一眼，说："来者何人？到访何事？"

范蠡心中惊喜，风餐露宿多日，终于找到了。他说明来意："久闻欧老先生是铸剑高人，今日得见，三生有幸。今有一玄铁，拜请先生打造一把越国宝剑。"

"你不像越国人，为何要造越国宝剑？"

"在下范蠡，实乃楚国人。楚、越结盟，我前来辅佐越国，吴、越之战在所难免。今太子勾践雄心勃勃，日后沙场征战，需要一把王者之剑。此剑，非欧老先生亲自铸造，否则世上再无他人能铸。"

他弯身屈膝，双手把竹剑递上。

欧冶子拿过竹剑，剖开剑身，取出玄铁，举过头顶，在阳光下，玄铁锃亮，像一颗硕大的黑宝石，石头里面发出阵阵呼啸般的声响。

范蠡奉上酬金，被欧冶子退回。他邀范蠡入茅屋饮茶，说："先生气宇不凡，眉宇中有股坚毅之气，想必是懂剑道之人。"

"不敢班门弄斧，才疏学浅，愿听老先生高见！"

"诸侯征战，沙场血流成河，百姓民不聊生，国君心中只有劫夺、掠杀、战争。"欧冶子长叹一声。

范蠡说："太子尚武，王者之剑，用得好是声震四海，国泰民安，五谷丰登；用得不好则是生灵涂炭，一将功成万骨枯。"

"先生所言有理。真正的王者之剑，非削铁如泥、吹毫即断的寒锋玄铁，最高境界是手中有剑、

范蠡弯身屈膝，双手把竹剑递上。

心中无剑。"

"剑道即王道，欧老先生见解精辟独到，有如醍醐灌顶！"

两人长谈一夜，范蠡又更加懂得剑道的真正要义。

天色微明，东方一缕光亮，从山峰之间照映过来，丛林变得摇曳闪光。欧冶子慨叹："我已年迈，原想不再为世间增添杀戮之物，但我的使命就是铸剑，铸造世上最好的剑。铸完这把越王剑，我就真正封炉，从此云游四海。"

范蠡再三叩谢。下山途中，突然有血气涌动之感，他隐约看到天际风云变幻，密林间的呐喊、山水间的厮杀，声响震天，如排排巨浪扑打过来。

公元前496年二月，春寒料峭，一场迟到的大雪将越王宫殿的青色檐顶覆盖。一夜之间，都城鳞次栉比的房屋、宽宽窄窄的街巷都变白了。

在这个时节，越王允常突然病逝了。

消息比风还快，传到了吴王阖闾耳中。他站在王宫榭台最高处，望向模糊的远方，发出一声冷笑，做了一个进攻的手势。

柏举之战后，楚国败落，吴国的威望越来越高。阖闾被胜利冲昏了头脑，在国内大兴土木，山水园林，楼台亭榭，原本美丽的都城变得更加繁华美丽，但也亏空国库不少。

有一天，他站在沙盘地图前，突然焦虑起来。楚、越结盟，看似风平浪静，但始终是块心病。对越国这个卧榻之侧的敌国，他没有放在心里，此时却恨不能立马除之而后快。

"越王允常不在了，勾践羽翼未丰，吴军征楚之后休养也有几年了，消灭越国，轻而易举！"吴王阖闾向大臣宣布。

攻越的动议，伍子胥第一个站出来反对。他说："近世以来就有规矩：'国有丧，伐之不仁。'若强行出兵，越国上下齐心协力，哀兵必胜。吴军能否顺利取胜，尚是未知数。"

"伍大夫莫要长他人志气，灭自己威风。"阖闾心中颇为恼怒，那么强大的楚国说打就打垮了，何况小小的越国？吴、越相邻，但历来不同心，且听说越国现在留用了很多楚国的人才，暗中蠢蠢欲动，不将吴国号令放在心上。骄横的吴王决定，这一次不听这位辅佐大臣的，让他留下守城，然后亲率三万精锐吴军，浩浩荡荡地出征了。

三、伐吴

越国一下炸了锅。

悬在头顶的那把剑，眼看就要掉落在越国子民的头上。

勾践难以入睡，索性半夜起来看着幽蓝的夜空。星辰密布，夜色深邃，他纵然有雄心大志，但吴王恃强凌弱，又选在父王尸骨未寒之际进犯，这个坏消息犹如晴天霹雳。眼前的事实是，越军兵力不足、装备不强、作战经验不丰富，一系列的"不"，也许两军对垒，直接就将导致战败。这让他如何面对越国子民？如何向九泉之下的父王交代？

天色微明，勾践就命随从紧急召集大臣们早

朝，商讨与吴作战大事。大臣们个个惶惑不安，如惊弓之鸟，连抬头看新君的勇气也没有。

太宰石买见无人出列，勾践脸色铁青，双目圆睁，就禀告道："战事突然，事关越国生死，应派人赶紧前往楚国搬取救兵。"

"楚国尚未恢复元气，哪会派兵？"

"即使真愿相助，待楚军来到，越国早被吴军破城灭国了。"

"不如派使臣求和，进献越国宝物和粮食！"

大臣们低声议论着。

石买的计策无人响应支持，恨恨地跺了跺脚，骂道："一群脓包，平时能说会道，自诩才能杰出，到了关键时刻，个个都成了缩头乌龟！"

大臣们忌惮石买权势，噤若寒蝉。有人将目光悄悄望向沉默的范蠡。因为心胸狭隘的石买从中作梗，范蠡入越后，一直没有得到越王允常的重用，而是优哉游哉地赋闲了几年。直到勾践继位，他才被召进宫中，当上了大夫。也正因此，石买的嫉妒防范之心更重了，事事处处都针锋相对。

范蠡沉默不语。他明白，在这场敌强我弱的战争中，知己知彼，精心谋划，方能转危为安。军队之力和士卒之气若不能拧成一股绳，怕是两军交战，一触即溃。

勾践望向范蠡，急切地希望他有应对之策："范大夫有何高见？"

"大王，战无定法，以弱胜强，也并不是没有先例。吴王自废礼制，国丧伐越，信义皆失。越王要以此唤醒民众，同仇敌忾。有了士气，战争就有了可打的希望。"

勾践缓缓点头，说："范大夫说得对！具体应战，可有方案？"

范蠡走向地形图前，接着说："据前方探报，吴军兵分三路进攻，吴王亲率中军，左军先锋是王子累将军，听说此人性格急躁，又刚愎自用，一定求胜心切。右军是兵马保障，兵力不强。根据吴军路线，越军只可用巧力，不可蛮战。我们先派兵引诱左军追击，使得其战线拉长，力量分散不均；再派兵偷袭右军，打乱后防供给阵营，这样让越军主力重心是迎战中军。只要左右两军不同步，中军的威力就会减弱，越军多造声势，乱其军心，方有可乘之机啊！"

石买暗中察言观色，勾践对范蠡提出的对抗之策流露出认同之感，便立刻大声说："大王，依臣之见，迎击吴军，要在浙江南岸严防死守；不然突破之后，吴军长驱直入，我们再没有屏障可守了。"

有的大臣马上附合：太宰的话不无道理！

范蠡咳了一声，当仁不让地说："太宰的战略重在防守，但这次吴王气势汹汹，能防得住吗？只有诱敌深入，再分化瓦解，方能分而剿之。"

他说："兵不厌诈，以少胜多，古已有之。当年晋、楚城濮一战，晋军诱敌深入，以逸待劳，并以树枝扫起黄土尘灰飞扬，蒙蔽楚军，最终楚军大败。"

大臣们左顾右盼，没有更好的方案，大家默认了范蠡的战略部署和迎战设想。

石买心中不服，拂袖而去。

越王勾践忐忑不安，内心却又渴盼去碰碰吴国这块石头。早朝散后，他留下范蠡，又召来灵姑浮、百里良等几位将军。

一份详细的作战方案最终形成。

整装出发前，勾践下令把几百名判了死刑的犯人召集在一起，宣布说："你们虽罪不可赦，但人人都深爱着自己的祖国。今吴国来犯，你们可否愿意像卫国的勇士一般，保家卫国，哪怕战死沙场？你们的家人会以你们的壮举而骄傲！"

"保家卫国，死不足惜！"几百名死囚齐声呼号，以表决心。越王勾践当即表示，凡牺牲的死囚，罪名可赦，给家属优厚的抚恤。又有不少死士加入到这支敢死队之中，人数达到千人之多。

勾践将集结起来的两万越军兵分三路，三千越军引诱吴国王子累的左军，五千水军牵制右军，精锐的一万二千余将士迅速潜伏到一个叫槜李的地方，要与吴王阖闾在此决一死战。

战事与范蠡的计划如出一辙，骄横的王子累一路猛追，早把中军甩在了身后。物资供应保障的右军，又被死死地拖在了边境。趾高气扬的中军所向披靡，吴王阖闾全然不把沿途偷袭的小股越军放在眼中，认为消灭越国，就像大象踩死一只蚂蚁般轻而易举。跃马扬鞭，吴王阖闾得意地传令："三日之内，踏平越国。"

楂李是一片广阔的丘陵原野，栽满了万亩李树，李花盛开，花香四溢。提前埋伏好的越军已经在此挖下战壕、地道和陷阱，等待吴军的到来。

吴王阖闾率部抵达楂李的时候，正值日暮。夕阳映照，天边云霞似层峦叠嶂，阳光穿过云层，光芒万丈，映红了西天。吴军士卒手持长戟短刀，身穿军甲，黑压压的一片，被云层投下的光影笼罩。

让吴王阖闾没想到的是，不远之处的越军严阵以待，军甲之外身披素白衣装，列队藏身李树林中。白色的李花掩映着寒光闪闪的刀剑，风吹花动，士兵的头巾也随风飘飞，分不清哪是树，哪是人。

战鼓声传，号角齐鸣。吴军后方突然一阵骚乱，只见一队队越军迈着视死如归的步履逼近。走到阵前，这些衣装素缟的人拔剑，怒声高呼：

"阖闾无义，死无葬身之地！"

"越人同心，越国必胜！"

说完，这些人将剑伸向脖颈，自刎而死。鲜血流淌，白色衣服和飘带上沾满血迹斑斑。一千余人轮流上阵，表演了一场惊心动魄的自杀表演。

这几年吴军没有征战，斗志松懈，不如过去不惧生死。他们从未见过以这种方式为国捐躯的死士。待他们心惊肉跳，还没有回过神来，就见左右两翼传来阵阵厮杀呐喊。越王勾践亲自披挂，擂响战鼓，越军倾巢出动，灵姑浮、百里良等将军，各率部众杀入吴军。立时，槜李地动山摇，远处林丛中的鸟群纷纷飞起，天空血红飞溅。

吴军斗志已被越国死士的自杀之举夺去，四面又遇越军英猛进攻，顿时乱了阵脚。越军源源不断地杀了过来，吴王阖闾急忙下令回撤。见吴军慌乱撤离，越军愈战愈猛，全力追杀。大将灵姑浮眼尖，看到吴王阖闾奔逃，手舞长戈，骑马直扑吴王，十几名护卫接连被长戈刺倒在地。阖闾见此情景，吓得魂飞魄散。

灵姑浮哪能放过这般好的机会，紧追不放。半途遇吴军护卫拦截，战马受伤。他将长戈用力刺去，刺中阖闾的右脚，鲜血涌流。吴军护卫再次围拢过来阻截，负伤的阖闾趁机逃走了。

一场血战，天色在渐渐减弱的喧嚣中沉入

黑夜。

槜李尸横遍野，夜幕下浮荡着死亡的气息。满树李花迎风飘落，覆盖在战死者身上。鲜血染红了花瓣，星星点点。

勾践向夜空中伸出手，轻轻一握，一枚白色花瓣被握在手心。他并拢五指，握紧拳头，仿佛感觉到花瓣化为血水，沁入骨髓。他争霸天下的斗志，长满触角，在夜色中四处攀爬。

吴、越这一次交锋，以吴王阖闾受伤、吴军败退落下帷幕。

满心不甘的阖闾，百思不得其解，怎会败在小小的越国手中？戎马半生，连强楚都被征服了，却鬼使神差地输掉了这场原本可以完胜的战争。

脚上的伤口停止了流血，但心口的血还在流。他突然有一种老去的感觉。

派去寻找王子累的将士回来复命，垂头丧气，使劲低着头，哽咽不语。

吴王阖闾已经明白了，但还是想证实那个不愿听到的结果。

"王子累求胜心切，途中被诱引到水泽之中，中了埋伏，已经战死了。"

"啊！"阖闾一下跌坐在椅子上，胸口一热，吐出一口鲜血。

"父王，父王！"阖闾醒来的时候，听到耳畔有呼唤的声音。他以为王子累又活过来了，睁开眼睛，却是闻讯赶来的次子夫差。

"你不好好地把守都城，跑来干什么？"阖闾担心都城有变，生气地说。

"子胥大夫担心父王中了越国的诡计，特派儿臣前来支援。没想到儿臣晚来了一步，孩儿知罪！"

"不是你的错，是天不容孤啊！"

"大军回去好好休整，来日再战不迟。"

"孤恐怕是回不去了！"阖闾一阵咳嗽，血从嘴角溢出来。他微微抬手，示意夫差靠近，低声说："吾儿听着，别忘了越人的杀父之仇！"

"不会的，我与越人不共戴天！"

"你若不报仇，为父九泉之下，死不瞑目！"

"绝不敢忘！"

"吴国的未来交给你了！"阖闾说完，闭着眼睛，嘴唇翕动了几下，然后双手垂落下去。

一代英雄吴王阖闾，带着无尽的哀伤离开了人世。

槜李之战，越王勾践没想到会是这样的结局。他不安的内心，被这场意想不到的胜利撑起了一片广阔天地。初为人君，面对强敌时的怯弱一下子不见了，他的信心又飞扬了起来。

他任命范蠡为掌兵大夫，朝中大小事务都要征询其意见，按其规划调整治国方针。越国的文武大臣也无不对范蠡刮目相看，礼遇有加。但范蠡依然是少言寡语，低调慎行。

勾践迈出治国的第一步，是将都城从山上搬了下来。他任命文种监管，在山下开阔的平原地带，依山就势，以周边的弧丘高地为角楼，新建了一座勾践小城。这当然也是范蠡出的主意，越国要发展，就不能只满足于当"山大王"了。搬都城，勾践将之看作是向吴国的又一次挑战。

有一天上朝，勾践说："有人告诉孤，夫差扬言三年内要找我越国复仇。"

百里良裹告："吴王加封伍子胥为相父、伯嚭为太宰、公孙雄为大将军，准备组建一支强大的水军，为将来的水上作战练兵。"

"听闻伍子胥亲自督军学习射箭，日夜操练于太湖之上。夫差也每日亲临水军营地。"百里良说。

"夫差志向远大。依臣看，他操练水军不仅是针对越国，怕是不安于偏隅东南，冀望将来北上争霸中原。"范蠡说。

"何以见得？"百里良问道。

"南下越国，北上齐、鲁，涉江渡水，有了船舶运输，军队不用大张旗鼓，这才是夫差深谋远虑的用意所在！"

"哦！"众人恍然大悟，低声议论起来。

勾践站起来，双目一瞪，大家都安静了。他看着范蠡，说："孤想一鼓作气，反攻吴国。先生意下如何？"

有人听到越王勾践此言，惊得目瞪口呆。

太宰石买又站出来，说："大王胆识过人，此前吴军战败，我军经历了这次实战，已信心大增，吴军也不过尔尔。况且现在孙武退隐，伍子胥老迈，乘胜反攻，定能打夫差一个措手不及。况且此时不战，难道真等吴国喘过气来，练成水军，再来一次以弱胜强吗？"说完，他不屑地看了看范蠡。

范蠡不动声色，说："太宰大人所言甚是。但吴军此战虽败，只是战略上失误，实力上依旧强过越国。况且吴王阖闾战死，举国上下满腔悲愤，我们若主动出战，不是重蹈覆辙吗？"

"此一时彼一时，范大夫怎么突然变得如此胆怯了？"石买讽刺道。

范蠡毫不在意，说："当务之急，是积蓄粮草，积累财富，打造兵器，壮大军力，让越国尽快强大起来。"

文种说："范大夫所言甚是，此乃有备无患、长远之计！"

勾践有自知之明，见范蠡、文种极力反对，只好打消伐吴的念头，加紧了对越国军队的训练。

公元前494年，勾践再也沉不住气了。夫差强军的消息不时传来，他每每听到，都会变得心事重重。檇李之战三年来，因为文种、范蠡这些大臣的用心参政，越国也发生了很大的变化。上将军百里良训练的水军已达万人之众，士卒人人都能上舟作战、下水潜凫；左司马冯同训练的带甲步卒，陆地急行、近身对阵有模有样；而右司马灵姑浮负责后勤保障，专为水陆军队改善武器装备。

"孤夜不能寐，常梦见吴王夫差拿剑刺我倒在血泊之中，血光之灾，不祥之兆。坐以待毙，不如先发制人。"一天上朝，勾践又提出伐吴之事。

"万万不可，两军实力悬殊太大。且越军长途跋涉，吴军以逸待劳，岂有取胜可言？"文种阻挠道。

"难道坐以待毙，等着吴军越来越强大？"勾践生气地说。

公元前493年夏秋之交的一个午后，寂寂庭院，风吹叶落，一声虫鸣刺破寂静，范蠡倏然惊醒。

前些日子，他和文种再三谏言，意欲打消越王勾践的伐吴念头。但事与愿违。

吴王夫差三年来，不亲妻子，饥不饱食，寒不重衣，日夜勤兵，练习战射，心中唯一记着的就是为父亲报仇雪耻。

有一天，勾践召集二人商讨国事，又聊到征战吴国。文种说："没有天时地利人和，主动发起战争，知己不知彼，逆天而行，最终伤害的是君王统治的国民。"

范蠡接着说："与一头急着复仇的勇猛之师对战，凶多吉少呀！当前，越国要做的反而应该是表面上与吴国修好，把越国的宝物送去，向夫差谢罪，以此赢得发展之机，坚固城防，等待时机，待国力、军力真正强盛起来再作打算。"

"不要再说了！"勾践听说要向吴国送宝物、谦卑谢罪，顿时恼羞成怒。若是别的大臣如此建言，恐怕早就被治罪了。

离开王宫，文种与范蠡同行，说："刚才真是替你捏了一把汗。你劝我不要干涉太多，自己却给越王出这样的计策！"

范蠡说："你不能说，我是担心引发那些越国元老大臣的反感，以为我们拉帮结派。但我身为掌兵大夫，不能不说这些实际情况。忠言从来逆耳，不过现在说了，越王不听，将来后悔的不是我们。"

勾践已经请占卜师算好了出兵的日子：半月后出战。并委任太宰石买为前线指挥。

晴空万里，战旗猎猎，三万余名步卒、水

军、弓弩手集结誓师，从刚建成的都城的固陵门外出发了。

勾践从水路率兵进发，六百余艘战船，悄然驶向太湖。沿途风景如画，树木葱茏，毫无战争即将来临的迹象。前方探船一路禀报——没有发现吴军船只。勾践心想，夫差怕是知晓了越国水军的厉害，不敢应战了吧。

主战的石买一门心思地迎合勾践。当上前线指挥后，迫不及待想一战成名。他站在船头，趾高气扬，正指挥战船全速前进。突然，太湖上升起一阵水雾，夫椒山上传来密集的战鼓声。船上旗手来报，吴军战船从四面包围过来。

只见数百只大小战船，簇拥着一艘巨大的楼船，从天而降般出现在越军面前。吴王夫差乘坐高大的楼船，压阵前行。他冷笑一声："请君入瓮！"然后挥动三角令旗，发出了进攻的号令。

勾践万万没想到，吴国水军的船坚兵利，远远走在了越军前面。此时他想退已无路可退，只能下令正面迎战。一场水上恶战，大小战船混作一团，双方兵士溺水无数。夜色渐暗，吴军战船突然向南

夫椒山上传来密集的战鼓声。船上旗手来报，吴军战船从
四面包围过来。

撤去，勾践刚松了口气，却又不知夫差的葫芦里卖的什么药。

一道火光射向空中。只见吴军战船上万箭齐发，火箭纷纷落在越军船上，着火引燃；又遇上风向朝北，相连的越国战船很快也都燃烧起来。一时间，湖上火光映亮天空，哭喊连天。吴军的小战舰从四面八方蜂拥过来，船上长戈刺向落水的越军。上将军百里良也在混战中被刺中，身负重伤。临死前，他叫范蠡到身旁，把家中独女百里婉玉托付他照看。

兵败如山倒，勾践带着残兵败将逃回到了会稽山。这里山岭纵横，丛林深密，草木葳蕤，倒是个易守难攻的好地方。穷追不舍的吴王夫差驻兵山下，伍子胥说："越军已到山穷水尽之地了，我军且休整休整，不急着去攻山！"

夫差下令，把山围了个水泄不通，切断了所有通道，连鸟儿插翅也休想逃离。

勾践懊悔不迭，可一切都已经晚了。一场自信满满的战斗，损兵折将，只剩五千将士逃上山来，其他将士不是战死，就是被俘或逃亡了。

"都怪孤一意孤行，不听范大夫的劝阻，是上天要灭越吗？我死不足惜，只是有负越国先祖，愧对越国百姓！"勾践悔恨地对范蠡说。他知道，大势已去，越国也许此后再也不能保全了。

范蠡安慰道："大王轻敌，乃人为的失败。留得青山在，不怕没柴烧，只要大王能在此战中懂得人生的进退，以后还有机会东山再起！"

勾践看着远处雨雾迷漫的山峦，心如刀割。这时，一群将士推推搡搡地走进来，前线指挥石买被绑了起来，衣装凌乱，垂头丧气。

"石买贪生怕死，指挥不力，此战失利与他关系重大。"

"生死关头，石买不与越军将士共进退，他却恼羞成怒，杀了几个士卒。"

……

大家七嘴八舌，数说着石买的罪状。

"大王英明，杀掉石买吧！此人死不足惜！"

外面的将士越聚越多，群情激愤。石买知道犯了众怒，垂死挣扎，喊道："大王，看在臣下多年为越国呕心沥血的份上，请保全一条性命吧！"

勾践望了范蠡一眼。范蠡沉默不语，闭上了眼睛。勾践明白，长叹了一口气。

良久，勾践起身，走到将士面前，大声说道："石买督战不力，指挥失误，滥杀无辜，罪有应得，处立斩！"

处死石买，将士们欢心鼓舞，但改变不了眼下被围的处境。

据险守山，顶多也就撑半个月。吴军这次围了个严严实实，每条下山的道路，都有重兵把守，任何人也不能上山。水，有山泉可饮，但粮食已吃不了几天了。到时即使不战死，也会饿死山中。

夜里，勾践垂头丧气，走在山野中，天空变得高不可攀，头顶上飘浮着投下一片片阴影的云层，那些石头草木，都散发出垂死的气味。士卒失魂落魄，聚在烧起的火堆前，只有火焰在闪动。四周静谧如无人之境。

会稽山也就成了一座孤山。

灰色黎明的天空，茫茫一片惨白。风从山谷吹来，挟着缕缕雾气在山间盘旋，像条被砍去脑袋的巨蛇。越军上山后，雨季接踵而至，连日来，冷风阵阵，细雨绵绵，困守山洞的越军，又饿又冷。

身为一国之君，勾践心乱如麻，无计可施。石买死后，他任命文种为太宰，与范蠡一起想办法收拾残局。陷入绝境的一盘棋，又岂是那么轻易能救活呢？

勾践又一次召集重臣，商议退敌之策，他的眼睛布满血丝，已经连续几个晚上没有睡过一个完整的觉了。

"范大夫，你与文大夫有没有想到保全之策？"

范蠡正欲说话，文种站起来，深深作揖，说："吴、越乃宿敌，此战定局已成，无力回天。唯有一策，由越王派去使臣，向吴王投降乞好。只要能保住性命，就不怕没有东山再起的一天。"

勾践说："乞降不如战死，难道要让越国的子民都跪在夫差的膝下，每年朝供、为他所驱使？"

范蠡说："眼下最关键的是，尚不知吴王会否答应我们投降？"

"那我们与他决一死战，死而无憾！"

范蠡说："月满则亏，水满则溢，凡事都有反复轮回，不因一时进退而论成败。知耻而后勇，此乃大丈夫也！"

勾践长长地叹了口气，没有吭声。

范蠡说："越王面前，无路可退，前面只有一条路了。"

过了一会儿，勾践说："那孤要怎样才能让夫差接受投降呢？如果他有过分的要求，又该怎么办？"

"既是乞降，就要容忍吴王夫差提出的任何要求，哪怕是身心百般受辱。只要越王活下去，越国就不会灭亡，不管您身处何方，越国子民也会永远拥护您！王者之道，忍者无敌！"

勾践环视其他几位重臣，没有人反对。他心知，真是只剩下乞降一条路了。但狂傲、冲动的他，怎甘心以这样的方式屈辱地活下去。他挥了挥手，示意大家散去，容他再考虑一下。

回到临时的居室，夫人芈季爱端来热水，替勾践脱下铠甲，看着他身上的伤痕，泪如雨下。勾践把范蠡的乞降之策说了出来，恨恨地骂道："范蠡、文种两人串通起来，居然是要孤忍辱偷生！"

"大王忍辱，不是为自己偷生，而是为了越国的重生。臣妾甘愿做牛做马、牺牲一切，只要能陪伴大王身边！"

一滴眼泪落在勾践的手臂上，像一块冰，勾践的身体不由颤动起来。夫人芈季爱的贴心安慰，让他更是羞愧。他长叹道："孤不死，真可保越国不灭吗？"

"大王在，越国就在！"

勾践紧紧地将夫人抱在怀里。芈季爱泪流满面。

四、为奴

文种作为越国派来的乞降使臣，在吴王夫差面前长跪不起。

夫差的脸已经变形，堆满了狂傲的笑容，鼻孔里发出哼哧哼哧的鼻响。两旁的将臣和卫士都瞪圆眼睛，露出得意的神情。

出发前，范蠡送别文种，说："此行使命重大，关系到越国生死存亡。"

文种点头，范蠡又说："越王要忍，使臣更要忍，不管吴王和吴国将臣如何嘲讽辱骂，都要尽最大努力争取吴王的宽宥。"

看到败军使臣走进营中，吴军将士投来奚落的目光，文种感到一种巨大的压力。拜见吴王后，他跪在地上，良久，头稍稍抬离地面，缓缓地说："亡国之臣勾践愿率越国臣民，向吴王叩头谢罪！如蒙吴王不弃，从今往后，越国甘心情愿成为吴国的附属国，每年每月献上最好的宝物、最丰足的粮食。"

夫差哈哈大笑，说："勾践小贼是太自不量力了，今日下场是他自找的！"

文种说："亡国之臣勾践已经知错。吴王仁厚，越国臣民不会忘记您的大恩大德！"

伍子胥察言观色，敏感地捕捉到吴王夫差动了恻隐之心，怒声说道："大王，吴、越已经结仇，不能天下共存，将勾践赶尽杀绝，越国就是您的天下了，万不可留他一线生机！"

"伍大夫暂勿动怒！"夫差说，"小小越国危在旦夕，早就名存实亡了！"

"大王忘记杀父之仇了吗？"伍子胥担心张狂的夫差被甜言蜜语哄骗。

夫差一听，脑海里浮现出父王阖闾临死前的情景，拍案而起，将桌上杯盏拂落在地，对文种说："赶紧回去，告诉勾践小儿，孤是不会同意纳降的。他若想保全越人性命，就提头来见孤吧！"

文种再三恳求，还是被卫士赶出了军营。

勾践听了禀报，火冒三丈，在几位大臣面前踱来踱去，气咻咻地说："不成功则成仁，明日待孤烧毁宫中珍宝，五千勇士随孤冲下山去，与夫差生死决战！"

待他脾气发完，范蠡说："大王稍安勿躁！凡事没到最后一刻，都不能说彻底失败。"

"如此情形，何来转机？"

范蠡对文种说："我听说吴国的太宰伯嚭深得夫差信任，但此人贪财好色，与伍子胥素来面和心不和，我们通过他的斡旋，也许会有转机。"

伯嚭的曾祖父伯宗原是晋国人，因直言进谏遭政敌暗杀，儿子伯州犁逃到楚国，当上了太宰。伯氏家族擅长管理财务，后来因楚国内斗受牵连，伯嚭就又跟着父辈族人逃到了吴国。征伐楚国，负责后勤保障供应的伯嚭立了大功，加之此人长袖善舞，阿谀奉承的手段高明，于是博得了先王阖闾的欢心与信任，从此掌管了吴国王室的内外事务，对朝政有着不可小觑的影响力。

勾践一听，仿佛又看到了希望，立刻命文种带着十名美女和大批珍宝连夜秘密拜见伯嚭。

伯嚭见到美女和珍宝，心花怒放。但这是只老狐狸，岂会不知来意？他强忍着喜悦之情，冷冷地说："一个战败之国，凭这点东西，就想贿赂我吗？待扫平越军，越国的所有一切，不都是我们的了！"

文种说："太宰大人说得对，但又不对。这点见面礼，只是我们大王的一点心意，若大人能让吴王接受纳降，以后越国最漂亮的美女和最好的珍宝，还将源源不断地送到您府中。"

见伯嚭脸上有了一些悦色，文种接着说："若吴王不答应，越王勾践的性格也是众所周知的，说不定他一把大火烧了越国珍宝，杀了越国美女。再说，越国是战败了，但越国的宝贝都献给的是吴王，大人您哪里能称心如意地享用？"

他停顿一下，看看伯嚭神色疑惑，又上前低声说："越王说了，只要您能让吴王答应，以后，越国归顺的首先是太宰大人，美女宝物都先进献给大人，剩下的才是吴王的，望大人权衡利弊！"

伯嚭沉思片刻，一双小眼滴溜溜一转，俯到文种耳旁说："本太宰可以向吴王求情，若是刚才所言做不到，日后蒙骗，小心随时要了他的小命！"

文种见伯嚭已经上钩，再三向他保证不敢有丝毫瞒骗："请太宰大人放心，日后仰仗之处还有很多，越国的美女和宝贝都少不了大人的一份。"

伯嚭带着文种前去拜见吴王夫差，夫差正在饮酒，甚为开心。

伯嚭说："大王，罪臣勾践遣使再次前来请罪，愿意献出越国的一切，成为吴国的臣民，只求大王免其一死。依臣之见，勾践此战一败涂地，苟且偷生，谅以后再也不敢与大王对抗了！"

夫差看了跪在地上的文种一眼，得意地饮尽杯中美酒。

伯嚭见夫差没有拒绝，就接着说："勾践性格偏执，放出话来，若大王不答应他乞降、不饶他一死，就要毁了越国宝物，杀了越国女子，带着五千越兵置之死地而后生。这场恶战，怕也会有众多的吴国将士丧失性命、妻离子散，请大王明鉴！"

说完，他冲文种喝斥道："快将罪臣勾践的求饶禀告大王！"

文种跪在地上，头也不抬，说："罪臣勾践死心塌地降服吴国，不敢再有任何异心，不敢再有半句妄言。若大王饶他死罪，诸侯各国臣民看到大王仁道，都会争相臣服于吴国，到时，吴王的霸业何愁不能快快建立！"

伯嚭给夫差斟满酒，说："吴国近年来发展军事，国力亟需补充，越国真心称臣，将来就是吴国的后方。有越国上贡的粮食、财富，有利于吴国开疆拓土，早日帮大王实现霸业啊！"

夫差此时已经动心。伍子胥突然闯进来，声色俱厉地指着伯嚭，说："大王休听此人胡言乱语！勾践阴险，又有文种、范蠡这样的谋臣辅佐，此次不斩草除根，将来必定后悔莫及！"

伯嚭非但不恼，反而笑着说："伍大夫考虑周全，但大王的四海之威，不是靠杀人来树立的。若真担心勾践使诈，何不将他与妻儿、范蠡等重臣扣压在吴国？大王到时想杀就杀，如此一来，既可安抚越国百姓，又能年年收到最好的朝贡。"

夫差觉得此计甚好，宣布道："孤仁道厚义，决定赦免罪臣勾践，把他和夫人、重臣悉数扣押在吴国，每年越国上好的物产、宝器都要献给吴国！"

伍子胥知道吴王主意已定，非常生气，转身拂袖而去。

公元前493年，勾践即位的第四年，入吴为奴。

想到入吴后的艰辛、凶险，他惶恐不安，觉得有如南柯一梦。自己的一时意气，遭遇如此惨败结局。

范蠡劝慰道："古之圣贤王者，遇艰难险阻，或蒙耻忍羞辱，都能饿其体肤、苦其心志。到吴国后的那一刻起，大王就要'杀死'过去那个高高在上的一国之君，隐忍行事，重新开始。"

"当初不听范大夫之言，孤后悔莫及啊！"

范蠡说："事情都过去了，追悔无益。此次为臣随大王入吴，陪伴左右，国内之事就交给文大人。度过此劫，将是柳暗花明！"

出发的日子临近，越国上下，一片肃穆哀伤。勾践好多次召集文种、范蠡秘密商讨治国大计，他们商议决定：遣散军队，士兵暂时回家务农，打消吴王顾忌；既要将国内宝物进献给吴王，又要秘密地保存经济实力。

范蠡握着文种的手，说："降吴乃缓兵之计，有朝一日，越国是要复国灭吴的。国内事务，切记安抚好百姓，照顾好老幼病残，让他们感受到国君还在，国家未亡。只要不失去民心，越国就不会亡。"

"范大夫说得对，民心不散，越国不亡。"勾践边听边点头，说，"国政大事，安定百姓，就要辛苦太宰大人了！"

范蠡深深鞠躬，说："是呀，太宰大人肩负千钧重担，拜托了！"

文种说："为臣全力以赴，不负越之未来！"

码头边，吴国运送兵士的船只，装满的都是从越国搜罗的金银珠宝和数百名从民间挑选出来的越国美女。这些都是献给吴王夫差和太宰伯嚭的礼物。

伯嚭亲率吴军押解前往吴国的勾践、夫人芈季爰、范蠡等人，实则是监守越国答应送他的财宝和美女。船队要出发了，成千上万的越人哭号相送。勾践听到身后的悲泣之声，心如刀绞，潸然泪下。他脑海中浮现出范蠡这几天常在身边说的话语，心里才稍稍安定下来。

到达吴国境内，驻扎下来，范蠡带着精心挑选的珠宝和十余名绝色美女，前往伯嚭营帐。范蠡伏地而拜，谦卑地说："这是罪臣勾践献给太宰大人的见面礼。此次范蠡随行入吴为奴，很多事情还恳请大人多加周全！"

伯嚭早闻范蠡之名，且两人为楚国同乡，初次相见，范蠡如此恭敬，他不免有些得意。又见到站在眼前的一排美女和数十箱珠宝，早已心花怒放。

范蠡说："越国的出产，日后还会有更多的礼物进献太宰大人，请放心！"

伯嚭示意随从退下，低声说道："你转告勾践，凡事谨小慎微，不要惹怒吴王。别的事情，有伯嚭在，可保你们君臣安全。待到吴王哪日仁善之心大发，说不定就是你们君臣的赦免之日。"

到了觐见吴王那一天，勾践按照范蠡所教，久跪在地，连连磕头谢恩。

他说："罪臣勾践，不知天高地厚，与吴为敌。幸遇大王仁厚，准许罪臣入吴为奴，宽恕性命，苟活世间！"

夫差颇为自得，昔日的敌对者，今日一败涂地，俯首称臣。早知今日，又何必当初呢？他声音一顿，说："此后再不可有非分之想，否则杀无赦！"

勾践以头磕地，说："勾践甘愿做牛做马，终生服侍大王身旁！"

"夫差，你忘了越国的杀父之仇吗？"伍子胥突然厉声说道。

这一发问，激起了夫差心底的仇恨。现在手握生杀大权，报仇易如反掌。他瞪圆双眼，久久直视跪拜在地的勾践，像是有两团怒火要从眼睛里喷射出来。

"勾践他自己送到了家门口，大王千万别放过了这个仇人啊！"伍子胥说。

范蠡眼见情势不妙，忙向伯嚭递眼色求救。

伯嚭见夫差被激怒，却迟迟不做最后的决断，知其心中犹豫，就上前说道："越国兵败，大王宽恕勾践，已被越人和全天下当作亘古未有的圣君。冤家易解不易结，越国永世称臣，每年要进贡最好的物产和宝贝。如果杀了勾践，越人恐难以征服，吴、越又将起纷乱，大王反落下不好的名声！"

"大王千万不要行妇人之仁啊！到时后悔就来不及啦！"伍子胥痛心疾首地说。

吴国这几年来的发展，夫差颇为志得意满，像是看到自己的霸业宏图正慢慢实现。伍子胥的劝诫，让他觉得有些危言耸听。他更偏向于伯嚭的建议，以对勾践的宽恕，将自己的仁德传播到中原和诸侯各国。但当初的复仇誓言也不敢忘，他为难地说："言而无信，必遭天谴！孤既已答应，不想将来背负天下人的骂名。覆水难收，再说勾践到了吴国，已成池中鱼、瓮中鳖，不足为惧。子胥大夫多虑了！"

嘴里虽说得客气，但夫差已非刚继位时的吴王，凡事都谦虚地听取伍子胥的意见。此时，伍子胥的干预与唱反调，起到适得其反的作用，让他有些许反感，更坚定了不杀勾践的念头。他更想看到一个昔日的敌人，在自己的眼皮下生不如死的感觉。这种折磨，难道不比杀死敌人，更有快感吗？

伍子胥见夫差执意而为，扭头就走了。伯嚭心中早对其有所不满，冷笑一声，说道："大王，当年攻楚，伍大夫为父兄复仇，后不也答应了楚国的求和？他执意要杀勾践，这是要置大王于不仁不义之地，这般怕是觉得自己功高，也太自以为是了！"

夫差听了狐疑丛生，像是一块乌云笼罩在了心头。

最危险的一天过去了。范蠡心中的石头总算落了地。

吴王夫差下令，将勾践几人囚居于先王阖闾陵墓附近的石牢，让他们日夜守灵，清扫墓地。勾践早晚都要在墓前长跪叩拜，以示认错谢罪。别的时间，他要砍柴扫地，夫人芈季爱生火做饭，范蠡也帮着担水洗漱。三个月后，夫差又命人将虎丘山下马圈饲养员的差事交给勾践，那几十匹良马宝驹都是夫差的珍爱坐骑。勾践三人不敢有半点闪失，铡草喂马，小心翼翼。

夫差出行，勾践在前牵马引路；夫差狩猎，勾践像条猎狗，奔走拾取猎物，毕恭毕敬，双手呈上。久而久之，吴国人都认识了衣衫破旧的越王勾践，讥言冷语，嘲讽这位人人可辱的马夫。

范蠡每时每刻寸步不离，鼓励开导勾践，提醒他每日注意事项，为他出谋划策。有时候，勾践无比悲观落寞，恨眼下生不如死的生活："这样的日子何时才能到头呢？"

"君子无时，且耐时。"范蠡说，"危险还没完全解除，尚需取得吴王的信任，大王依然要懂得忍耐啊！"

芈季爰默默忍受着艰苦的生活、旁人的侮辱，安慰丈夫勾践："天不灭越，夫当不死。"

日复一日，勾践学会了放下尊严，对各种杂役工作，他都表现得轻松愉快地接受。无论是对夫差还是守卫的士兵，他都奴颜婢膝，极尽讨好，像是完全变了一个人。

夫差看在眼中，也听到身边人对勾践平常表现的认可，慢慢地放松了警惕。但伍子胥三番两次地在夫差耳边警告："一把刀悬在头上，还不知危险；走迷了路，还不肯回头！"

他的话既让夫差厌烦，又如鲠在喉、如芒在背。为了试探勾践，夫差几次故意给出单独相处的机会，但勾践始终像忠心耿耿的奴仆一般，没有丝毫的异常举动。生性多疑的夫差，又派人潜伏到越国探察情况。

自勾践离国后，文种实施了与范蠡制订的计划：让百官回乡在各自封邑里垦荒种地；军队解散，武器集中销毁。听到探察的不断汇报，夫差渐渐打消了对越国玩弄阴谋诡计的猜忌。

文种留在国内，却无时不牵挂着身在吴国的越王等人的安危。他丝毫不敢懈怠，要求越人节衣缩食，把出产的大批粮食和搜罗到的奇珍异宝，源源不断地送到吴国，又暗中给伯嚭送去上百名美女和一箱箱的珠宝。

寒来暑往，时间在不知不觉中流逝。在吴国快待了三年了，勾践过去那团旺盛的心火，早已消失不见。这都有赖于范蠡时刻在身旁的叮嘱——"把自己完全想象成吴王的奴仆，感恩吴王的饶恕。"勾践耳边反复响起这句话，越来越把自己扮演成了奴仆的角色，从衣装到内心，从言语到行为，在人们眼中，他不再是昔日高高在上的越王，而是一个忠诚可信的奴仆。

三年里，勾践终日穿着破衣旧裳，劈柴喂马，寡言陋食，脸上流露着一种平和的神情。夜深人静、心神不安之时，想到夫人和范蠡毫无怨言地日夜陪伴，他又心生愧疚。

"勾践已成阶下囚，你们本是楚人，跟着我一起受苦了。你们要离去，孤也不会怨恨的。"

芈季爱连忙打断："楚、越结盟就是一家人，我是大王的臣妾，范大夫是大王的臣仆，为大王分忧解难，也是我们的份内之事。"

"夫人说得对，大王身处逆境不消沉，越国才更有希望。"范蠡说。

勾践感动地说："有你们陪着，是不幸中的万幸！只是不知这样的生活，还要多久才会真正地结束。"

"宝剑锋从磨砺出，大王就把这段苦难经历当作磨炼，目光要看得更长远些！"范蠡说。

夫人和范蠡的真心陪伴、不离不弃地慰藉，帮勾践度过一个又一个苦闷的夜晚。

伯嚭收受了来自越国的大量贿赂，范蠡几次秘密拜见，请他寻机在吴王面前进言，赦免勾践君臣的拘禁之苦。有一次，陪同狩猎归来，吴王满载而归，伯嚭趁机说："前不久民间有百姓说，看到天上祥云聚集、巨龙久久盘旋。"

夫差笑道："太宰大人怎么看百姓的说法？"

"此乃吉兆，是天下霸主气象！"伯嚭说，"臣还听勾践说，虎丘山下的马圈，有一次彩云飞绕，大王最爱的枣红马产下了一对健壮马驹，过去可是闻所未闻，这也是好兆头啊！"

说到枣红马，夫差说："勾践当不好越王，倒是个养马的好手啊！"

伯嚭顺着说："不自量力的勾践已经完全臣服了，都是大王仁恩的感召。赦免敌人之举，将让大王成为天下君王的表率！"

夫差说："孤曾想过释放勾践君臣，可伍大夫极力反对，说夏桀拘商汤而不诛、殷纣囚文王而不杀，结果怎样呢？史书已有记载，孤也要重蹈覆辙？"

伯嚭说："伍大夫拿夏桀、商纣来比拟大王的仁德之心，难道大王也自认是残暴的君王吗？"

夫差说："伍大夫老了，胆小得很！他见到孤就说，两国相争，诛杀敌国国君是再正常不过的，这也是免除后患。"

伯嚭说："大王听过当年齐桓公赠地燕君、宋襄公待楚军渡河列好阵势才作战的事吧？因其仁义，两人为后世所称颂仁德功名。大王忘却仇恨，赦免勾践，其心仁厚，远超古人！"

夫差心里虽认同伯嚭的说法，但也不得不三思伍子胥的反对意见。释放勾践之事，又搁置了下来。

范蠡听说吴王的犹豫之后，淡然一笑，对勾践说："吴王疑虑的消除还有个过程，我们已经看到了曙光。大王仍需谨慎，要彻底忘记自己，在吴王面前表现出绝对忠诚，以博取其完全的信任。"

有一次，范蠡悄悄说："机会来了！"

勾践心中一喜。

原来，范蠡听说最近夫差生病了，拖了一段时间总不康复，心情非常不好。勾践大惊："若夫差久病不愈，有个三长两短，我们岂不是要遭殃？先生赶紧谋划一下。"

范蠡说："祸兮福之所倚，福兮祸之所伏。先莫惊慌，据臣打探和观察，吴王此病拖得虽久，但病情不严重，推算一下，大概到三月壬申日将会痊愈。"

"那太好了！不过此事于我们该作何打算？"

"有一事，怕大王不愿做。"

"只要是能让夫差信任，我们能早日回越国，我什么都愿意去做。"

范蠡一番耳语，勾践面露难色，沉思了半晌，最后还是点了点头。

第二天，勾践前去探望吴王病情，守在门外，等到侍卫端着便盆出来，他走上前请求尝一尝吴王的粪便来诊断一下病情。这时碰巧伯嚭走过来，勾践说："太宰大人，请赶紧进去恭贺大王，不消几日，病情就会消除。"

范蠡一番耳语，勾践面露难色，沉思半晌，最后点了点头。

伯嚭将信将疑，进去禀报了勾践尝粪便断病的事，夫差听说后，立即宣布召见。

勾践不慌不忙，把范蠡教的一套说辞说了一遍。他说："罪臣幼时学过一点医术，刚才私下尝过大王的粪便，苦中带酸，应了春夏发生之气，该是病症发散、体内排泄通畅，据推算，大概到三月壬申日，身体就无恙了。"

勾践的话，说到了卧病在床多日的夫差的心坎上。

果不其然，到三月壬申日，夫差病体康复，心情大好，遂大摆酒席庆祝，特意把勾践、范蠡请来，并以宾客之礼待之。

勾践出现在酒宴之上，最愤怒的是伍子胥。他手一甩，碰倒了酒杯："大王听信谗佞小人之言，心已被迷惑，像是一把刀顶在胸口，却不知危险逼近。勾践老谋深算，居心叵测，请大王明察啊！"

当着众人的面被伍子胥"教训"，夫差拍案而起："孤病三个多月，从不见你相问。勾践亲自尝粪诊治，可见他的忠信。你再三主张杀掉勾践，是成全你对他的私怨，却让孤违逆皇天的期待吗？"

伍子胥不依不饶，以讽刺的口吻说："到时社稷被毁，宗庙长满荆棘，怕是大王想后悔也来不及了！"

"不要再说了，孤不想再听你胡诌乱语了！"夫差动怒了。可伍子胥非但不认错，反而不告而辞。

酒宴结束，夫差下令，正式释放勾践回国。

勾践伏地长跪，说："大王隆恩，臣和范蠡等归越，定当随时为大王效力，不负大王的恩典！"

公元前490年初夏，鸣蝉在吴地山林发出第一声清亮的鸣唱之时节，受尽屈辱和痛苦的勾践，带着夫人、范蠡等一行，启程回国。

勾践看着渐行渐近的越国山水，心中涌起一种既陌生又熟悉的感觉。回想经历的苦难，恍若隔世。他知道，至暗时刻终于过去，曙光就在前面。

五、九术

会稽之耻，像噩梦纠缠着勾践。

半夜醒来，他常常以为自己还身处吴国的囚禁之中。焦虑、恐慌像一张无形的网，捆缚着他。但毕竟是经历了三年的磨砺，他已经懂得知耻而后勇，把苦难看作上天对他的考验。让越国富强起来，成了他的心结。吴王夫差心狠手辣，留给越国的地盘已不到原来疆域的十分之一。

文种管理越国事务的三年时间，想了许多办法，百姓虽奋发图强、节衣缩食，但战败的创伤太重，每年还要进贡大量的粮食和珠宝，国力微弱。

勾践非常自责，回国后不久，他就搬进了一间柴房，睡在粗糙的柴木床上。他把一块苦胆挂在房间，入睡前、起来后，都要舔一舔苦胆，提醒自己保持斗志、不忘亡国为奴之耻。他穿着夫人亲手织的布衣，与军民一起垦荒劳动，凡事亲力亲为，与百姓同甘共苦。

勾践的言行举止，臣民们都不敢懈怠。

吴国那段患难与共的时光，勾践对范蠡已经无比信任和依赖。范蠡当然明白勾践的忧思，说："君子报仇，十年不晚。吴国强盛，但天道有时，需要耐心等待它的衰落。时机不成熟，不可轻举妄动。"

"范大夫以为当务之急是什么？"

"臣以为，越国眼下就是埋头做好自己的事，悄悄地强大起来。十年，二十年，真正强大到可以抗衡的那一天，吴国必不战自败！"

勾践说："强国之策，还需强国之人。"。

范蠡说："文种大人治国安民，经验丰富。代政三年，成绩斐然。大王所忧虑的，应当向他多多问询。"

勾践单独召见文种，请教强国之策。

文种说："将欲取之，必先与之。"

勾践摇头，不解地问："可否具体说说？"

文种说:"强国兴越,灭吴报仇,臣有九术?"

勾践迫不及待地说:"愿闻其详!"

文种说:"其一,对天地怀有敬畏之心;其二,把最好的宝贝送给吴王,贿赂吴国臣子,既博取欢心,又令其玩物丧志;其三,高价收购吴国粮食,让其国库空虚;其四,寻找美女赠送吴王,迷乱其心志;其五,赠送精木良材、能工巧匠,让吴王耗尽钱财修建宫殿;其六,抬高吴国谀臣地位,令其居功自傲;其七,挑拨吴国君臣矛盾;其八,鼓励全民创富,使越国国富民强;其九,打造一支精锐之师。"

勾践连连点头,文种接着说:"此九术,有的需要秘密实施,非同小可,不能走漏风声,不能让吴王察觉到蛛丝马迹。这也是臣未敢在朝堂上说出来的原因。"

勾践说:"文大人考虑周全,此次行事,只许成功,不可失败。"

文种说:"这也正是臣忧虑的。上次兵败,尚有存活余地。此次若被夫差抓住把柄,定会加倍报复,怕是万劫不复!"

身旁有文种、范蠡出谋划策，勾践如虎添翼。按照他们建议的治国之道，越王减轻赋税，鼓励百姓耕种养殖，努力生产；兴建水利，开塘筑坝，以利灌溉之需；开仓借粮给贫困的人，帮助百姓解决生活困难……

几年下来，越国的百姓每家每户都有了存粮储备和财富积蓄。

地界小，勾践非常苦恼，却又无可奈何。范蠡不时还提醒他把越国产出的好东西送给吴王，投其所好，讨其欢心。有一次，他流露出勉为其难的神色。

范蠡说："高空之鸟，死于美食；深渊之鱼，死于芳饵。现在越国地盘小，我们照旧把好东西送给吴王，再想办法让吴王多赏赐一些地，理由就是生产更多的好东西进献吴国。"

勾践觉得这个主意好。吴王后宫妃子众多，他就让人织上好的黄丝细布献上；吴王喜欢良马宝驹，他就四处搜寻千里马，还派人从出产良竹之地制作竹制马鞭；吴王喜欢奢华的宫殿建筑，他就派人到深山里砍伐百年以上的名贵木材送给吴王；吴王喜欢美女，他就从越地寻访年轻貌美的女子……

吴王夫差看到越国风平浪静，每年的进贡物品极其丰盛，每次送来的美女娇艳婀娜，就彻底对勾践放了心。他的内心又膨胀了，看到越国送来的名木良材，就请来能工巧匠，开始建造宏伟的姑苏台；宫中美女如云，光彩流离，吴王夜夜笙歌，歌舞嬉戏；虎丘山下马圈扩大了好几倍，他四处请人打制装备，玩起了赛马。

吴王夫差还有一个更大的梦想，就是争霸中原。北方晋国国内势力分割，争权激烈，南方楚国国破山河在，正恢复重建中，其他小国都忌惮吴王，他的威望越来越高。

范蠡说："现在吴王南征北战，既是吴国自身的一种消耗，也给了越国发展的时机。"

勾践入吴时，越军解散，回家务农；归越时，他也承诺不再组建自己的军队。

没有军队，复仇雪耻就是枉谈。回国不久，有大臣奏报越王，要秘密重建军队。此事遇到范蠡的阻拦。

范蠡说："吴王正虎视眈眈，重建军队的时机还没到。"

勾践知道，吴王不知派了多少暗探在盯着越国，军队之事只能从长计议。稍有不慎，被抓了把柄，又有伍子胥从中作梗，越国就离灭亡的日子不远了。他听从了范蠡的建议，不建军队，一心大力发展经济。每年新春到来之前，他都亲自带上大量奇珍异宝，前往吴国献给夫差。

有一次，他献上精心织绣的黄丝葛袍。夫差见到丝袍上有五彩之丝织就的瑞阳云霞、山川河流、龙飞凤舞，非常开心，就赏赐了勾践很多土地。

越国地界扩大，勾践又生产出很多东西进献。如此一来，吴王对他越来越信任。

又到了进献之日，勾践依照范蠡的计策，遣越使送厚礼给伯嚭。趁其开心之际，越使声称越国凋敝，有不少匪贼出没，扰乱地方治安，请求吴国派兵剿匪。

夫差听了伯嚭的禀报，心中很不乐意。此前他也听说，越地多水泽林莽，匪贼像撒豆子一般躲藏四处，派去的士兵数量少了，徒劳无功。吴军还要到中原征战，完成称霸大业才是正事。

夫差问："伯嚭大人，此事如何处理是好？"

伯嚭见吴王让他拿主意，就说："何不让越国自建一支军队，既可治乱维护稳定，又可抽调加入吴军，帮助大王完成称霸大业？"

夫差虽心有不满，但想到将来越军能补充吴国兵源，仍认为不失为一个好主意，就宣布允许越国建立一支三千人的军队，管理境内治安。

伍子胥知道后，心急火燎地出面阻拦说："大王，怎么能帮一个心腹之患、世仇之敌建立军队，将来与自己作对呢？"

"容孤再考虑一下。"夫差嘴上这么说，心里却嗤之以鼻。勾践俯首帖耳，何况只是三千人的军队，怎可能与十万计的吴军抗衡呢？伍子胥真是越老胆子越小了。没隔几天，他照旧同意了越国建立一支管理治安的军队。

有了夫差的指令，勾践可以明目张胆地组建军队了。范蠡建议道："兵不在多，在于精。依目前越国所处境地，军队要有特色、要有战斗力。"

"言之有理。依范大夫所言，建军蓝图该如何绘制？"

范蠡说："这支军队人数虽少，但须是人人武艺高强，反应快，善突袭。"

勾践当即命人在国内寻找勇士，这些勇士身怀绝技，以一当十，由诸稽郢将军带兵训练骑术、射术。文种招募能工巧匠，打制精良兵器。

范蠡又说："水战乘船，陆地乘车，车船之利，比兵器和弓弩还要快。越国水师要从陆战训练的士卒中挑选，配备的骑兵和弩机的车驾，要善于长途奔袭，反应快捷。"

勾践听了，深以为然，立刻召集人马秘密建造战船。这些战船都由范蠡督制，模仿吴国的船制设计，分大翼、中翼、小翼三种，又制造了专门针对吴军水师的超大楼船、轻快戈船。楼船上船塔高大，瞭望对方，视野清晰，便于指挥官坐镇指挥。船上还配备有许多弓箭手和长矛手。戈船身轻行驶快，士卒水性好，出动迅速，攻击力强。

出去寻找冶炼兵器原料的文种那边也传来了好消息。他派人找到境内的铜牛山，在山沟里建起了炼铜处。有了矿藏和燃料，冶铸的进度也加快了。

根据战争的需要，范蠡要求除了铸造宝剑、甲、戈之外，还设计了一种与矛相似的武器。这种武器长柄，顶部加有两端上翘、具有格架功能的镡，杀伤力很强，称为"铩"。

不到一年，勾践就拥有了一支勇猛强悍的军队。

勾践从越国的深山老林，找到了两棵大树，高五十余尺，树身有几人合抱那么粗。越王找到千年神木的消息一下传开了。

听说吴王正在扩修姑苏台，勾践请来一流工匠，雕刻出美丽的花纹，镶嵌上白玉和黄金，涂抹上丹青，状如龙蛇，熠熠发光。两根神木运到吴国后，夫差又投入更多的人力、财力，要打造一个举世无双的建筑。

拔地而起的姑苏台，坐北朝南，高大雄伟。殿中有百柱，挑角飞檐，斗拱悬梁，气派壮观。走出大殿，是一个可以容纳数百人的砌石平台，平台外有汉白玉护栏。凭栏四望，姑苏城一览无余。夫差原本想在此举办挺进中原争霸的誓师大会，因此下令赶工期，征用了上万民众参与运送石材木料，民间因此怨声载道。

半年后姑苏台即将竣工，文种向勾践建言：
"吴王是好色之徒，姑苏台即将建成，不妨找几位
绝世美女，乱其心，虚其体。"

勾践遣人四处搜寻，从各地找到的美貌女子中
精心挑选，最后从苎萝山寻得的两名美女被送到了
越王面前。两女子，一名叫郑旦，娇艳如花，明眸
皓齿，冰肌玉骨；另一名叫西施，更是天生丽质，
闭月羞花，堪称国色天香。

见到西施，范蠡心中一惊，有似曾相识之感。
听说她来自苎萝山，眼前浮现出入越之初游走的
经历。当初，为了更多地了解越国民情风俗，他从
边境的白马邑偏高出发，沿浦阳江的一条小支流若
耶溪西行，到了一片树林，迷了路。正当他暗自发
愁时，看到一少女在溪边浣纱。少女亭亭玉立，赤
脚站在水中，肤色白里透红，眼波流转，比露珠还
要晶莹透亮，比白玉还要光泽圆润。少女俯身，
水面倒影微波轻漾，水中鱼儿似乎也被美貌惊动，
"嗖"地游远了。

"请问去往都城的路是朝哪一边走？"范蠡上

少女亭亭玉立，眼波流转，比露珠还要晶莹透亮，比白玉还要光泽圆润。

前问路，惊了少女，她手中的长丝巾落入水中，漂走了。范蠡赶紧跳下水中，追上顺流而下的丝巾，交还给羞涩的少女。少女接过丝巾，连声道谢。看到他全身湿漉漉的，就邀请他去家中更换衣服。

范蠡随着少女到了苎萝山下的西村，知道了她的名字叫施夷光。少女的父亲是个豪爽之人，虽居乡野之地，但常在外走动，关心时局，与范蠡趣味相投，交谈甚欢。范蠡不时偷看少女施夷光，待人接物，举手投足，大气不俗。从相术上判断，此人虽不是男儿身，但也胜过百十男丁。

这次意外的相遇，施夷光的美丽形象深深地烙印在了范蠡的心里。只因越国战败，入吴为奴，范蠡觉得男人当以事业为重，有缘将来自会相见。没想到几年后的重逢，已经更名为西施的少女，却要被送往吴王夫差的身边，成为帮助越国复仇的一枚棋子。

文种看出范蠡脸上的异样神色，猜测他必有心事。两人离宫回家，文种说："贤弟，有何心事？是不是与西施姑娘有关？"

范蠡一惊，暗暗佩服文种的眼光敏锐。

文种说："西施看贤弟的眼神中，似有相识之感、钟情之意。"

范蠡不再隐瞒，讲述了当初入越与西施见面的短暂经历。

"如何是好？越王已经选定西施与郑旦二女子入吴，我们要想个法子把西施留下来。"文种听后，为难地说。

"女人心，海底针。儿女情长，自有命运安排。"

"贤弟也该成家了。"

"还是先以越王复仇灭吴大事为重！"

"人生总有遗憾！"文种轻声一叹，"西施聪慧美貌，必得夫差欢心，若她心中有越国，我们的大计定能顺利完成。"

第二天，勾践令范蠡对西施、郑旦进行"谍报训练"。范蠡请来名师，从琴棋书画、歌舞礼仪、坐相站姿、言行微笑等进行调教。两人原本聪颖过人，稍加练习，就超群出众、脱胎换骨。

这段日子，范蠡与西施时常单独相处，范蠡吹笛，西施或抚琴，或歌舞。阳光照在回廊上，西施翩然起舞，长袖挥动，腰肢轻扭，一颦一笑，尽显妩媚，仿佛仙女下凡。

两人互诉衷肠，西施听范蠡说着入吴为奴的生活，更增添了亡国之恨，暗暗把爱意藏在心间。她心里已经知道自己的使命，灭吴大计，不仅是关涉她一人的未来，也关系到越国百姓的未来。只有打败吴国，越国百姓才能不再做奴隶，再也不用把越地最好的东西献给吴王。

半年后，西施等人启程去往吴国。文种反复叮嘱西施、郑旦照顾好自己，不要忘了越国人民，顺利完成越王交办的任务。

离别之际，范蠡前来相送，西施泪如雨下，哽咽着说："先生辅佐越王，打败吴国，是不是我们就可以在一起了？"

范蠡沉默不语，凝视远方。

此行与西施一别，不知何时才能再相见。

姑苏台落成，吴王夫差大宴群臣，一众歌舞女子中，他一眼就被西施、郑旦的美貌吸引了。两人肤白如玉、眉目传情、楚楚动人。只听说越国送来了两位绝色美女，夫差没想到如此惊艳，一时失态，如痴如醉地呆立着。

没过几日，夫差就将西施封为王妃、郑旦封为美人，日日相伴，夜夜歌舞，朝政大事也不用心，皆交由伯嚭打理去了。西施善解人意，时常劝慰夫差不要只顾着陪伴她，也要多理朝政，多陪陪别的姐妹。她越是这样温良谦让，夫差越是把她捧得高高的。

有一天上朝，伍子胥发怒说："越人进献美女，大王难道不知其用意居心吗？"

"伍大夫言过了，夫差出生入死，横行天下，岂会因沉溺后宫而影响国家大事？再说，有伯嚭大人和您辅佐，吴国称霸中原，指日可待！"

伍子胥心知吴王在敷衍，继续说："以史为鉴，因妹喜的诱惑，夏桀亡了国；溺爱妲己的殷纣王登鹿台而自焚；为博褒姒一笑，周幽王烽火戏诸侯，惹怒犬戎而国灭。大王千万不要因为享乐，重蹈覆辙，使国民遭殃啊！"

听到伍子胥拿他与古代那些暴王相比，夫差心中有些愠怒："孤知道，伍大夫还想说，五色令人眼花，五音令人失聪。在你的眼中，孤就是昏君吗？"

伯嚭站出来说："伍大夫有所不知，大王日理万机，朝政大事并没有不管，不过是些小事交给臣在处理而已。"

伍子胥不理会伯嚭，继续说："希望大王立即下令，杀掉越国送来的妖物，别让勾践的阴谋得逞！"

夫差并不理会，宣布退朝后，又直接到了西施的住处。他在姑苏台上新建了一处别院，让西施单独住在这里。从姑苏台上远眺，湖光山色，美不胜收。

西施会跳一种木屐舞，为了讨得西施开心，夫差又命人精心设计、修建了一条响屐廊。廊道下挖空后，置放了一排空缸，上面铺上木地板，西施穿上木屐鞋，走在上面，空缸中的声响共鸣，发出清脆悦耳的"嗒嗒"声。神奇的是，当她的舞步跟着音乐的节奏舞动起来时，轻重远近之间，时而重如金鸣齐响，时而轻如缥缈幽深，扣人心弦，听者无不心旷神怡，难以自拔。

西施入宫后，按照文种的计策，从不过问宫廷政务，只是与夫差两情相悦，长相厮守。夫差越发迷恋于她，将万千宠爱集于一身。

夫差的内心深处，念念不忘的是那个伟大的梦想——争霸中原。

对周边小国的征服，使这个梦想的实现仿佛近在眼前。越国已经完全臣服，在征战陈国时，盟国楚军赶来救援，双方拉锯战时，遇到楚昭王去世，楚军被召回国内。吴王顺利地拿下了陈国。不久，齐国的齐景公去世，齐国政局也乱了。

时局一乱，实力强盛的吴国渐渐占据了主导地位。

吴王夫差调兵遣将，准备征战齐国，唯有伍子胥站出来阻止。他对夫差说："大王，吴国最大的敌人在眼皮底下！"

夫差知道他又要重提灭越的旧事，很不以为然。

"从地图上抹去越国，北上攻齐才是正道。反之，耗费吴国的人力物力与齐国比拼，是件危险的事！"

夫差原本就脾气暴躁、心胸狭窄，伍子胥三番五次地唱反调，让他颇为恼怒。在他心中，现在的越国完全不在他敌对的视线之内，南边的楚国被打败后，他的注意力已放到了北边的齐国上，趁着齐国之乱一举击溃，才是眼下的正经大事。

　　伐齐的机会似乎终于到来了。

　　公元前484年，齐国权臣田常欲夺取君主之位，试图通过战争来转移国内矛盾，削弱对手力量。他把目标锁定在了鲁国。孔子知道后，派出弟子子贡开展外交斡旋。

　　子贡虽年轻，却通权达变，巧舌如簧，想到了利用吴、越之间的矛盾来做文章。他来到吴国拜见夫差，说："大王，齐国欺侮弱小的鲁国，背后的真正的目的是为了将来与吴国抗衡。若大王出兵，打败齐国，那是一举两得。既能扬名四海，震慑诸侯，又能与鲁结盟，打击晋国的信心。到时，离诸侯朝拜大王的那一天就不远了。"

　　子贡之言，描述的正是夫差称霸计划中的图景；但那些日子，有关越王勾践练兵复仇的密报，引起了他的忧虑。

子贡猜到了他的心事，说："吴国之强大，小小越国不足为虑。况且越王勾践对大王一直是胸怀感恩戴德，怕是有人想挑拨吴、越矛盾。我愿去见越王，让越国派兵来助吴伐齐。"

夫差想："此计甚好。若是勾践派兵，正好检验他忠心与否，也可消除了我的忧虑。"

子贡来到越国，见到越王勾践，通报了吴国伐齐的事，并说"吴、齐交战，不论胜败，对越国来说，是千载难逢的好时机。吴王骄横，胜齐之后，一定是要乘胜去攻打晋国的，几番征战，损兵折将在所难免，到时大王就可趁虚而入，报三年囚吴之耻！"

勾践恨不得吴王早日出征，就依子贡之计，派范蠡率三千精兵前去吴国助战，并送去先王留下的二十副甲胄，以及上百匹骏马和数百两黄金等礼物。

范蠡见到吴王，说："越王听说大王为了救鲁国，要出兵征战。越国弱小，倾力派出精锐之兵，越王愿亲自披挂上阵，为大王的正义之战冲锋陷阵！"

夫差收下越国的礼物，满心欢喜。子贡又趁机说："越王一片忠心。但若亲自参战打先锋，传出去，反倒损了吴国的声威。"

夫差略加思索，就谢绝了勾践的"好意"。

这一年初夏，天气还没热起来。在夫差的率领下，吴军出征，北上援鲁伐齐。躲在家中的伍子胥，却忧心忡忡，头发白得越来越多。夫差对他，早已失去了过去的信任。而他，也对这位国君失去了信心，一点点销蚀着对这个国家的热爱之情。

六、雪耻

　　吴王夫差出征之时，孙武隐退，伍子胥年迈，缺少左膀右臂，吴军虽士气高昂，但没有了当年攻打楚国的豪情，所以他心中并没有十足的把握。

　　吴鲁联军深入齐地，与齐军的先遣兵团打了几个回合，各有胜负。最后双方和谈，订下盟约，夫差以胜者凯旋归国。齐国主动言和，让夫差踌躇满志，他在诸侯国中的声望也越来越高。但得胜还朝后的一件事，却破坏了他的好心情。

　　夫差召集群臣庆功，伍子胥见面不但不祝贺，反又数落起征战齐国是错误决策："越国不灭，永远都是吴国的心头大患。大王不明此理，兴师动众，引兵远征，这是自取灭亡！"

夫差的脸色登时就变绿了。伯嚭见状，趁机站出来说："大王伐齐，声威大增，何来自取灭亡之说？伍大夫三番五次阻挠，挑拨吴、越关系，不知是何居心？"

伍子胥不理伯嚭，继续说："忠言逆耳，大王快快醒悟吧！越王勾践才是吴国最大的敌人啊！"

伯嚭针锋相对，道出了伍子胥将儿子伍钺托付给齐国鲍氏的事。原来伍子胥意识到自己在吴国地位的岌岌可危，悄悄把儿子送到了齐国，改姓王孙。没料到伯嚭早就派人暗中监视，知道了这件事。

夫差一听，勃然大怒。这个自诩忠诚的伍子胥，居然把儿子送到齐国，早就有了叛逆之心。他命人取来属镂剑，愤然掷到了伍子胥的面前。

伍子胥知道死罪难逃，想起一生起伏，到吴国后立下汗马功劳，却被佞臣离间，晚节不保。回到家中，拔剑自刎，留下遗言："在我坟墓上种上梓树，长成后做夫差的棺木；把我的双眼挂到都城东门上，让我亲眼看到吴国的灭亡！"

夫差听说伍子胥的遗言后，大发雷霆，命人

将他的尸体用马皮包裹后投到了数百里之外的钱塘江里。

从此，朝中再也无人敢犯颜进谏了。

伐齐一战，虽未灭齐，但刺激了夫差的霸主梦。他放眼望去，还有一个重要的敌人就是晋国。原本此次计划伐齐之后继而进军晋国。只要打败晋国，霸主就唾手可得。

"北上黄池，孤要与晋国争霸主之位。"夫差发出号令。

去不去黄池，吴国朝臣分成了两派意见。反对者以太子友为首，都是过去与伍子胥交好的一帮大臣。

有天早晨，太子友衣衫不整，手脸带着划痕，和夫差迎面相遇。夫差颇为不悦，问道："如此狼狈，成何体统？"

太子友回复："孩儿在后苑游玩，见一蝉鸣叫正欢，却不知道螳螂正要以它为食。"

夫差一笑："弱肉强食，不足为怪！"

太子友说："怪的是，螳螂一心捕蝉，没想到树荫里还藏着一只黄雀。"

"呵呵，黄雀可曾得手？"

"孩儿的弹弓已经瞄准了这只黄雀。"

"那孩儿命中黄雀了吗？"

"来不及击射，孩儿脚下不稳，跌下了沟坎，衣衫、脸手都被荆棘丛划破了。"

夫差笑起来："贪图眼前小利，不思周全，愚蠢之人，莫过如此！"

"父王可知天下还有比这更愚蠢的事？"

夫差一愣，说："说来孤听听。"

太子友跪下："孩儿妄言，父王饶恕！"

"直说无妨，言者无罪！"

太子友说："齐、鲁原本世代姻亲，起了纷争，父王率兵干涉，却不调停。齐欲一举打败鲁国，不知父王率兵攻之；父王进攻齐国，却不知越国养精蓄锐，伺机复仇。现今父王执迷不悟，远赴黄池，争那徒有虚名的霸主之位，倒是要小心覆国之灾啊！"

"孩儿你是中了伍子胥的遗毒，幼稚得很！小小越国，是吴国的敌手吗？"

"父王怎知越国就不是吴之对手呢？越国送来

妖女，父王忠奸不分，杀了伍大夫，这不是走在亡国的路上了吗？"

"休再说，孤要废了你的太子之位！伍子胥危言耸听，起了叛逆之心，是他咎由自取，与西施何干？"

太子友伏地不起，夫差愤怒，甩袖而去。

伍子胥死去的消息传到越国，范蠡长舒了一口气。勾践喜出望外，这个障碍清除，灭吴就成功了一半。

公元前482年，做着霸主梦的夫差，倾全国兵力远赴黄池。这一次若能让晋国选择撤退，吴国就不战而胜，成为新的中原霸主。

吴国都城变成了一座空城。

枕戈待旦的勾践摩拳擦掌，迫不及待地召来文种、范蠡，兴奋地说："眼下情势，是到了攻打吴国的时机了吧？"

文种说："吴军悉数出征，都城内军力空虚，太子留守，不足为惧，确实是到了最好的报仇时机。"

范蠡摇摇头，说："吴王刚率兵离开，闻讯即可回防。大王等了这么久，不妨再等一段时日吧！"

勾践遂抛弃了出征的念头，暗中集结、训练军队，耐心等待最好的时机。

过了几个月，一天，范蠡参见越王，说："时机已到！"

勾践愣愣地望着范蠡，像是不相信自己的耳朵。

范蠡重复道："大王，请出战吧！"

"是真的吗？"勾践激动起来。

范蠡神色庄严地点头："复仇的时机到了！"

十余年来，勾践等待的就是这一天的到来。

出征前，勾践将祭祀的美酒倒入城南的河中，又命人从下游将河水舀上来，与将士共饮这同生共死之酒。后来，城南的河流就改名为投醪河。

一切都按照范蠡的战略布局在推进。越国的先遣军，在大夫畴无余的带领下，选择了一条沼泽之路行进，行迹隐蔽。当他们被发现时，吴国守军大为惊骇。

身为统帅的太子友下令："坚守城池，速派人报知大王，等待大军回援。"

当密探报告来犯越军人数不多后，守城的指令遭到了将领王子地等人的反对。他们认为太保守，反而会造成被动，要主动迎战，打败越国先遣军，彰显吴国霸者的气度。

双方交战，以麻痹敌人为使命的畴无余，很快就败下阵来，投降告饶。初战告捷，让吴国守军低估了越军的战斗力。从水上进发的越王勾践，把进攻战线拉长，不时虚张声势，施以声东击西之计。迎战的太子友还没探明越军主力的真正动向，就被团团围在了吴都郊外的姑熊夷，所有将士被俘，吴国都城失陷。

远在黄池备战会盟的夫差得知消息后，暴跳如雷。这个消息一旦走漏，军心动摇，士气崩溃，箭在弦上的黄池会盟又将功亏一篑。但都城被攻破，夫差想即刻班师回国。

大将王孙雒说："大王，不可退！"

夫差说："是可忍，孰不可忍！"

"此时若退，前功尽弃。会盟在即，一举夺得盟主地位。反之，晋若得势，吴国就会更加被动。"

"勾践狼子野心，孤悔恨当初没杀剐了他！"

"到了破釜沉舟的时候，大王当机立断，鼓舞士气，许以高官厚禄，直逼晋军，气势压人，此乃唯一出路。"

"若晋军死战呢？"

"没有谁是不怕死的，晋军离国都尚近，断然不敢死拼。我军心理上不能动摇，动则全盘皆输。"

夫差左思右想，觉得事已至此，只有照王孙雒的建议行事。黄池会盟之时未到，吴军兵分三路，黑压压的一片，直逼晋军营垒。军营外，喊杀声震天。晋国上卿赵鞅见势不妙，急忙派人前去和谈。

使者把话挑明，盟主之位可以让出，但吴国要放弃王的称号，不能僭越礼制。双方歃血为盟，吴、晋两国国君分别以公、侯相称。

夫差夺得盟主之位，就以年岁收成不佳、诸侯免除进贡，各自回国。诸侯们虽生欢喜，但也多有猜疑，料到夫差匆匆返吴，定是国内发生了急迫之事。没过多久，越军突袭占领吴国都城的消息就传遍了各路诸侯国。

消息传开，让吴军的回国之路极不顺畅起来。直接原因是都城沦陷后，粮食补给就切断了，沿途各国又以各种借口拒绝借粮，吴军不得不沿途强抢粮食，闹得十分疲惫。一路劳顿，吴军战斗力丧失殆尽。夫差猜摸着当前局势，与伯嚭商议对策。

一封求和信送到了越王勾践手中，勾践连看都没看，就当场撕毁了。

范蠡说："大王三思，吴军虽是疲惫之师，但是困兽犹斗，实力犹存，不可轻视。"

"范大夫不是说机不可失吗？孤要与夫差决战雪耻！"

"越军还没有完全击败吴军的力量，依臣之见，是吴王先求议和，就答应了吧！"

勾践想了想，仍心有不甘。

范蠡又说："战争先讲势，后讲实。发起战争时，要示敌以威势；双方交战时，要佯装弱势以麻痹；掌握优势时，要一举制胜，彻底打败敌人。当势发生转换，就要认真评估实力，不要失去自我判断，既要危中见机，也要见好就收。"

勾践评估了一下双方的实力，这才心中释然，对范蠡愈加钦佩，答应了吴王的求和。

夫差允诺吴、越两国平起平坐，越国不再是

吴的属臣，不再进贡礼物。此前，越军占领吴国都城后，就把多年来进献的东西抢夺一空，运回了越国。

黄池远征、越军攻破都城之后，加之天灾、税赋，民生多艰，吴国国力日渐虚空。雪上加霜的是，楚国又来了一次复仇。楚军大举入侵，吴军防线一退再退。夫差盛怒之下，率精锐军队反击，并追赶到楚国境内，不料中了楚军的圈套，被智勇双全的楚将王孙胜包围之后，坚壁清野，四面偷袭，吴军损失惨重，费尽九牛二虎之力才冲出重围，落荒而逃，退回国内。

环顾左右，夫差恍然大悟，伍子胥等谏臣的预言正在慢慢得到印证。归根溯源，是自己留下的祸根。这位霸主，第一次感到了心力憔悴，也失去了昔日的气势。

公元前479年，吴国遇到一次大饥荒。境内民生凋敝，逃难的百姓衣不遮体、食不裹腹。为了防止他国的侵扰，夫差把兵力分散在边境各地。

文种看到这个机会，向越王勾践建言再度伐吴："趁着吴国饥荒，军队疲惫，强弩之末，大王若出兵进攻，胜算很大。"

最想消灭吴国的勾践这次却犹豫了。正在他迟疑不决之时，越国的老朋友、楚国大使申包胥来访。勾践请教他对伐吴的看法。

申包胥说："吴国衰退，但依然是中原霸主，余威尚在，要真正打败岂是易事？"

勾践说："孤卧薪尝胆，忍辱负重，勤政爱民，百姓拥戴，军力日盛，今非昔比，等待的就是有朝一日灭吴复仇！"

申包胥说："战争之道的精妙之处，在于仁、智、勇。君主仁爱，军民同心，战无不胜；主将智慧，随机应变，百战不殆；将士勇猛，冲锋陷阵，无往而不胜。"

勾践有如醍醐灌顶，开始重新考虑伐吴对策。

他在国内发起伐吴献策，广泛听取大臣和有识之士的建议。派出使者游说各诸侯国，试探各国的态度，争取支持。随后，集结越军，整肃军纪，进入备战状态。勾践四处发表誓师演讲，并下令：父子兄弟同在军中，长者归；有父母，无兄弟，免战；患病不能出征，归养。勾践仁义厚德的号令，越发激起越军将士为国而战的决心和豪情。

公元前478年春，越国大地一片壮歌，勾践御驾亲征，范蠡为掌兵大夫，文种、诸暨郢辅将。五万将士登战船、驱战车，再次开启了北伐。

身为作战总指挥的范蠡百感交集。他二十五岁入越，与勾践入吴为奴三年，十余年重振越国，今日兵戎相见，恍如一场大梦。终于到了要了结的时候了。

吴、越这两大宿敌在吴江相遇了。一江相隔，流水发出哗哗的响声，越军营中静悄悄的，养精蓄锐的越国将士摩拳擦掌，士气高昂，等待多年的报仇雪恨的日子终于到了。

吴军营中却弥漫着紧张的气氛，夫差心乱如麻，公子庆忌在宫廷内乱中被杀；伯嚭等人软弱畏缩，指挥不了军队；饥荒和连年的征战奔波，对吴王失去信心的吴军将士斗志涣散，甚至到了谈越色变的地步。

会战前夜，军帐内灯火通明，勾践站在作战图前，踱着方步，踌躇满志。范蠡说："大王，吴、越此次面水而战，越军若要以少胜多，仍须计谋取胜。"

勾践心知范蠡是要献计了，心中一喜，说："范大夫快快说，有何妙计！"

"今夜子时开战！"

"不是双方约好了明日吗？"勾践惊讶地说，然后会心一笑："好你个范蠡，兵不厌诈，是想唱这一出吧？"

待到夜半时分，天色昏暗，越军兵分两路。水军衔枚禁声，潜水上岸，成功偷袭。剑弩全能的车驾手从右逼近吴军，弓弩齐射，再近身刺杀，吴军乱作一团。夫差大骂背信弃义的勾践，慌不择路地撤退城内。范蠡率领的舟师以包围战术，也将吴军水师各个击破。

吴军溃败，十万大军余下不到三万人，退守到姑苏城里。

昔日莺歌燕舞的姑苏城，虽固若金汤，但变成了一座死城。

报仇心切的勾践，举起欧冶子铸造的王者之

勾践站在作战图前，踌躇满志。范蠡说："大王，越军若要
以少胜多，仍须计谋取胜。"

剑，意欲率兵攻城，却被范蠡阻止了。

范蠡按下勾践举剑的手，说："姑苏城，城城相套，易守难攻，越军唯有围而不攻一策，断其粮草，待其自毙。"

勾践心想，围城确实是上策，越军一路拼战，已疲倦不堪，正好休整。

"夫差到时会自己打开城门的。"范蠡的嘴角露出一丝不易察觉的冷笑。

"果真？城内粮草储备够他撑一段了？"勾践还是担心围城不攻，久则生变。

"大王所言甚是，我军若强行攻城，双方伤亡惨重，得一空城，却也必伤我越军将士。如今上天让大王报当年会稽之耻，我们也让夫差品尝一下绝望的滋味。再说，当年夫差囚大王三年石室，大王还报三年，一报还一报，就当打一场持久战又何妨？"

过往历历在目，又刺痛了勾践的心。他心想："当年的屈辱和绝望，也该让夫差尝一尝。"

勾践传令，城外的河道、通衢，全被掐断了，越军安营扎寨，修筑城防工事，准备困守吴军。

困在城中的夫差，突然感到自己的身体变得轻飘，大地也跟着摇晃起来。身边的大臣们缄默不语，街头的百姓慌乱奔走，面无表情的士卒斗志全无。此时的夫差陷入深深的悔恨之中。

　　"为什么当初不杀掉勾践？"

　　"孤竟然赐死伍子胥这样的忠臣！"

　　"伯嚭之流的贪婪愚蠢，以致酿成今日灾难。是上天要灭吴，还是孤的失误？"

　　被派去议和投降的伯嚭、王孙雒，垂头丧气地回来了。勾践是铁了心，要置夫差于死地。

　　"诛杀忠臣，重用佞臣。征伐齐、晋，凌辱越国。"这是勾践给夫差列下的罪状。最让夫差痛心的一条是：先王死于越人之手，不报仇，却纵敌贻患。

　　夫差听后，万箭穿心，泪流满面。

　　越军围城三年，城中逐渐断粮，最后吴军再也找不到能充饥的东西。城内百姓出逃，城门被打开，而夫差带着三千精兵逃往姑苏山，勾践率兵紧追不舍。

　　身后的喊杀声，像棒槌敲打着夫差的心。看着山下的姑苏城，昔日的繁华，笼罩在一片萧条、冷寂之中。

几乎没费气力，吴军就缴械投降了。面容憔悴的夫差被团团围住，骑在马上的勾践，露出得意的笑容。

三年多来，夫差已是生不如死，深知自己再无东山再起的可能。勾践于心不忍，说："孤赦免你的死罪，你就做一个百户长，安度余生去吧！"

夫差把头一横，这位曾经多么霸气的吴王，已经失去了求生的欲望。他摇着头，发出几声冷笑，突然拔出佩剑，往脖子上用力一抹。

一股鲜血喷涌而出，夫差踉跄几步，双眼圆睁，倒地而死。

一代中原霸主，以自刎结束了自己的生命。

夫差自杀，姑苏城破，范蠡带了亲信急匆匆地赶去姑苏台，寻找西施的下落。姑苏台宫殿尽毁，前些日子烧起的一场大火，已让这里变得残垣断壁、满目疮痍。

宫内的侍卫、侍女逃的逃，死的死。一整天，士兵们将宫殿内外每个角落搜了个遍，并没有找到西施，也无人知道她到底去了哪里。去姑苏山搜寻的士兵也禀报，查无此人。

西施就像是突然在吴国消失了。

范蠡来不及悲伤，就被勾践召去。吴国灭亡，中原诸侯国为之震动，纷纷遣使来贺。那些颂美之辞，像一块石头，激起了勾践心中的波浪。他又有了一个更大的野心。

"孤想趁机北上，称霸中原，范大夫意下如何？"

范蠡早猜摸到了他的心思，说："越国一战成名，各国无不存有敬畏之心。依国力而言，齐、晋、楚远比越强大，但他们都曾被吴军所败，眼下不敢贸然挑战打败吴军的越军。大王当与各国友善修好，再伺机而动。"

"与各国结盟，孤正有此意。"

"臣有一事，不知当讲不当讲？"

"但说无妨！"

"吴国与各国的重重矛盾，皆因土地和掠夺而起。不如借此机会，将过去属于各国的土地和财产悉数奉还，以显示大王宽厚仁爱之心。"

勾践犹豫了一下，说："这是个好主意。占有多了，也必引起各国嫉恨。"

范蠡说："还有一事，大王要抓紧去做，向周王纳贡，也请赐胙。"

"孤马上命人去交涉。那选在何地会盟呢？"勾践心心念念的，还是霸主那个心结。

"选吴、齐、晋三国交汇的徐州甚好，大王渡过淮河即可到达。"

会盟按约举行，勾践在会盟时宣布了归还土地之事，各国国君欣喜万分。巡视中，见到越军士气高昂，军备精良，对勾践更是刮目相看。于是各国顺水推舟，推举越国为新的盟主，尊越王勾践为霸主。

会盟结束前夜，齐国左丞相田常拜见范蠡。他们原是老朋友，彼此欣赏。一见面，田常对范蠡大加赞美。

"兄长助越王称霸，被封为上大夫，一人之下，万人之上，今生抱负终实现，可喜可贺！"

"贤弟有所不知，为兄有意辞官，游历五湖。"

"越王正需要兄长帮着一起治国理政，为何要离开呢？"

"越王对我有知遇之恩，我尽心尽力。吴国灭亡，越王称霸，我的使命也完成了。"与勾践这些年的相处，范蠡深知其性情，可共患难，不可共荣华，不如早日急流勇退，去过一个平民的自由生活。

田常感叹道："兄胸怀博大，有权谋却不贪恋权位，令人敬佩。日后若来齐国，一定要来我府上做客。"

几天后的一个夜里，范蠡带着夫人百里婉玉前去文种府上拜访。当年，百里良将军离世时，将小女托付给范蠡，他对老将军素来敬重，不想违逆，时逢越国复兴用人之际，他就拜请文夫人照管百里婉玉。吴、越之战结束，婉玉姑娘心仪范蠡已久，文夫人牵线做媒，让范蠡答应这门婚事。他虽钟情西施，但心知上天不会安排他们有一个圆满的归宿，也就只好依了文夫人，悄悄和婉玉姑娘成了亲。

文种同被封为上大夫，正是春风得意之时。见范蠡来访，热情地招呼："贤弟，快来！我们多久没长聊过了？"

彼此都很熟悉了，婉玉随文夫人进了里间闲话。文种感慨："灭吴之功，贤弟功不可没，也算是了却了我们一生的理想！"

"过往之事，我们不要再提。今后兄长有何打算？"

"大王赏识，让你我共同辅佐越国发展，难道贤弟另有安排？"

"大王虽言，分国而有之，但有哪位君王能与臣子分享国家和权力？尤其是越王，面相就可看出是生性多疑之人，我已下定决心，准备请辞，去过隐姓埋名的生活。"

文种非常惊讶，说："贤弟三思而行！这些年我帮助越王治理越地，感情深厚，人也已老迈，不想离开了！"

"敌国破，谋臣亡。兄长，我此次来，既是告别，也是请兄长在越王身边要多加保重。"

入越之后，文种就把自己当成了一个越人，一心只想辅佐勾践，图谋大业。勾践被囚吴国三年，

六、雪耻　　115

卧薪尝胆十余年，文种无不尽心尽力。勾践对他的尊重，计策的采纳实施，无不让他感动。他已和越国的血脉紧紧连在一起了。

走，有理由；不走，更有理由。两人在月色里相拥告别，默然不语。范蠡转身远去，月光下，脚印一只只，清晰可见，仿佛又回到多年前入越的那个晚上。

七、从商

范蠡不辞而别。

没有人知道他的去向。待勾践知晓，顿时大发雷霆，派人四处寻找，却杳无踪迹。

文种很快发现，勾践对他的态度发生了变化。不少越国大臣嫉妒他身居高位，躲在越王耳边嘀咕："文种本是楚人，楚人狡诈，当年受楚王派遣，目的只是想依靠越国牵制吴国。现在吴国灭亡，大王要小心楚人呀！"

"范蠡若投了楚国，若二人里应外合，越国大为不妙啊！他们对越国太熟悉了。"

勾践不断地听到这些谗言，心中渐渐地就有了疙瘩。

文种察觉后，心里有了深深的失落，想起范蠡临别所言，果真是人有盛衰、泰极否来。他心生倦意，又因身体有恙，常常就告病在家。那些越国大臣又抓住把柄，攻击文种倚老卖老，发泄心中的不满和怨愤。

有一天，勾践召文种进宫，试探地问他伐楚大计。

越国当上霸主后，楚国又生内乱，勾践就扬言要去攻打当年的盟友。文种说："这些年来，越国南征北战，大王好不容易灭了仇敌，成了中原霸主，此时当以休养生息为宜。"

勾践讥讽地说："文大夫富于谋略，当年九术仅取其五，就灭了强吴。余下四种，相国不用，是要护着楚国国君，还想着回去当你的宛令吧？"

文种听到越王恶言相向，心知是祸躲不过，不禁仰天长叹："悔之晚矣！范蠡贤弟早替我想到了这一天，没想到真的到来了！"

勾践听他说起至今没有音信的范蠡，两人竟然一起密谋过离开之事，勃然大怒："如此不忠之人，留之何用？"

一把属镂剑，被掷到了文种的面前。

这是吴王夫差赐给伍子胥的那把剑。文种悲愤难抑，拔剑自刎。

公元前468年，勾践将越国的都城迁往原吴国北边的琅玡，以显示中原霸主的气派。

月夜，两艘小船悄然离开越国。越王勾践还在举杯庆功饮酒，范蠡带着家眷离开了。

他决定隐姓埋名，泛舟太湖，到了太湖北边的五里湖边住了下来。这里水域连通，湖上风景优美，湖中水产丰富，也无人认识他。其实在他内心深处，坚信生死未卜的西施一定还活在世间，他希望有一天能遇到她。

出发时，范蠡叮嘱随行的家人和仆从：从今往后，范蠡已不在人世，你们就称我为朱公吧。

几天之后，行至有着鱼米之乡美誉的太湖，他看到北岸地势平坦，土地肥沃，水中不时有鱼虾活蹦乱跳。"这是个好地方！"他对家人说："我们就在此安家吧！"

泊船上岸，范蠡带着仆从找了一块空地，决定在此盖两间简陋的茅屋。这里往来者少，安静，隐蔽。对外人，他们声称是为躲避战乱从家乡逃出来的。

范蠡给家中男子分工，有人开垦稻田，有人下湖捕鱼。鱼捕多之后，他挖了几口方塘，引湖水养鱼。有些日子，他四处走访，看到东边山区出产陶土和竹木，可以烧制陶器、制作竹木器；西边集镇种植桑麻，多产蚕丝；南边稻田成片，粮食产量丰收。他想起初入越时看到过的边境集市，货物交换，各得其利。此地水域通达，舟楫便利，与姑苏城、余杭、齐都临淄相距不远，可往来做些商贸生意。

战后安定，各地百业待兴。范蠡给住地取名陶庄，对外称自己为朱公。他从周边村庄请来竹木匠、丝工和烧窑师傅，把自己的想法付诸现实。一年后，大批的竹木制品、蚕丝、陶罐和大米，从这里运往需要的集市。有的以物换物，有的卖了钱又买回本地稀缺的物品。

钱赚得多了，范蠡并不是把财富聚在自己手上，而是乐善好施、互惠互利，尤其是他为当地农田水利、道路交通做了很多实事。他出钱组织人挖渠开沟，开路架桥，交通畅通了，商贸生意也渐渐发达起来。

慢慢地，陶朱公在周边名气越来越大，前来拜访、找上门来做生意的人也越来越多。人人都知道陶庄有个生意做得好、出手大方的朱公。

范蠡又以商贾的身份风光起来，但这并不是他想要的生活。有时他独自在太湖岸边散步，心里就会想到不知所踪的西施。这几年，他暗中打听西施的下落，也借生意往来悄悄寻觅，但都一无所获。有关西施去处的流言在民间到处流传。有人说，姑苏城破，夫差恼羞成怒，杀死西施；有人说，勾践早就觊觎西施之美，意欲占有，派兵在攻城战乱中抢回西施。不料芈季爰王妃害怕勾践沉迷美色，重蹈亡国之路，让人制造了西施失足沉湖的惨剧；有人说，西施隐匿在一无名小岛，浣纱采桑，忘记过去发生的一切；也有人说，她与范蠡全身而退，泛舟五湖……

夜深人静的时候，范蠡梦中醒来，发现自己不知何时已泪湿衣襟。

突然有一天，陶朱公从人们的视野里悄然消失了。

范蠡发现名气大之后，背后打听他的来历、盘根问底的人也多了起来。他怕夜长梦多，引来越王勾践的震怒，给家人带来麻烦，决定离开陶山。离开前，他把带不走的产业都交到平时雇佣的当地人手上，还把赚的钱财分散给一些穷苦百姓。

他刚离开不久，就听到勾践患病离世的消息。那一年，是公元前464年。

消息传到范蠡耳里，心中不安的那块石头终于落地。那时，他带着家人到了齐国临淄，租了一处偏僻却很宽敞的房子住了下来。这几年他蓄起了长须，衣束打扮与在越国为官时迥然不同，外貌上的变化已经让他很难被人认出来。他每日无事，就去临淄的集市闲逛，这里车水马龙，闹声喧天，不愧是齐国国都。齐国商人周游列国，生意做得很响。

在街市转来转去，范蠡遇到几位马贩子，一起闲聊，说起了贩马的事。齐国产马，剽悍高大，价格便宜。南方战事纷乱，需要补给马匹，所以齐国的马在南方的市场很好。但贩运路途辛劳，以车船运马的费用很高，又常有盗匪出没，有时马匹没运到南方就被劫走，甚至还得搭上身家性命。

范蠡琢磨着贩马的事，突然想到了齐国一位有名的商人姜子盾。姜子盾喜欢做南北货物交换的生意，去年他的麻布生意做得非常红火。麻布衣通风吸汗，价格低廉，他把北方产的麻料运到南方，供不应求，很快就打开了市场。范蠡打听到，姜子盾的麻布运输走的是传统的水路，船队庞大，开销很大；加之他与沿途地方关系密切，盗匪也对其商队一路放行，但都要花钱打点。

回到家中，范蠡对长子范智说："这次我们要做一次贩马生意。"

范智说："齐国那么多商品的生意好做，为什么偏要贩马呢？"

范蠡哈哈一笑："贵出粪如土，贱出如金玉。"

"贵出贱取的道理，孩儿明白"，范智不解地问，"可齐国产马，价格也便宜，贩马能赚钱吗？"

范蠡说："物以稀为贵，马是要卖到南方去。"

"运马要跨境过界，难免会遇到兵匪，安全没有保障啊！"

范蠡说："你考虑的都没错，但眼光要放得更开阔些，到时会有人上门的！"

第二天，范蠡派人去城内四处张贴告示，声称新组建了一支上百匹马的马队，要往来南北运送货物，运力大，价格优惠。

落款是：鸱夷子皮。

这是范蠡给自己新取的名号，他笑着对儿子说："凡夫俗子，酒囊饭袋，乐得个自由自在！"

告示很快在齐国商人中间传开了。姜子盾听说后，颇感兴趣。他一直对自己的商船运货的成本居高不下甚为不满，想过水路改陆路，却又因种种顾虑没有开始新的尝试。有现成的马队，也不妨是一种好的生意合作模式。他找上门，说："我有货要运到南边，你的马队有多少匹马？"

"货物多，我的马匹就多。这个请放心！"

"运费多少？"

范蠡开了个非常低的价格。姜子盾一听，有着丰厚的利润回报，马上就答应要签订合约。范蠡这时提出了一个请求："让马队打上姜氏商队的旗号。"

范蠡开了个非常低的价格。姜子盾一听，马上就答应要签订合约。

"运的是我姜子盾的货，打姜氏的旗号当然没问题。我还可与沿途地方打招呼，保证通行顺畅。"

这次合作非常成功，范蠡从齐国买了一百多匹良马，待马队安全到达吴、越边界，卸完货物，马很快就被抢购一空，赚了一大笔钱。

鸱夷子皮的名号也跟着一下在齐国的商界打响了。高挂着"鸱"字的旗帜的马车，在秦、晋和江南各国之间奔走，范蠡敏锐地观察着商品的多寡，预测价格的变化，做什么生意总是供不应求。

有不少生意人上门拜访范蠡，讨教经商的窍门。范蠡也都坦诚相告：做生意要看地域、看市场、看对货物的需求，盲目选择，物极必反。

一来二往，范蠡和姜子盾也成了生意上的好伙伴。姜子盾自认有一套生意经，但看到范蠡做一笔成一笔，为人也豪爽，心里格外佩服。他与范蠡交心，交流做生意的诀窍。

范蠡说："姜氏商队远近闻名，生意能做成这样，实属不易！"

"我更佩服兄长的人品，生意精明，天生是经商的高人。"

"我不过是比别人看得更远一点。生意人做买卖，不是什么时候自己需要就买，而是物价低时买进；也不是自己不需要的就卖，而是很多人需要时才卖。"

"兄长为富有德，聚财也散财，还乐于帮人发财，堪称是商圣。"

"哪里，哪里！钱财乃身外之物，取之于民，用之于民。"

几年下来，鸱夷子皮的声名大噪。范蠡跟家人说，树大招风，我们搬个偏僻的地方去吧。

他原来早有安排，此前有一次在马队外出运送货物时，路过渤海南岸的一片海滩，荒无人烟。于是他带着家人搬到这里住了下来。

儿子范智颇为不快地说："这地方临海，风大，太荒凉了，以后我们靠什么生活啊？"

范蠡不言语，带着儿子走到海滩上，随手抓起地上的一把盐碱土，用力一搓，手上留下一层白色的薄盐颗粒。

范智兴奋地说："海盐？"

这几年与父亲走南闯北，他也对各国情况有所了解。在秦国与晋国，海盐就像金子般贵重，那可是权力和身份的象征，一般的百姓只能吃井盐。

范蠡说："靠山吃山，靠海吃海，当年齐相管仲辅佐齐桓公，就是靠统治海盐的经济政策让齐国富强起来的。"

范智说："这也就是父亲常说的'择地取财、知地取胜'吧？"

范蠡找来几位当地人做帮手，开始了盐场的开发。他选择了一块涨潮时海浪冲不到的滩涂，架起锅灶，挖了几口方池，围了方圆几公里的盐场。转眼到了夏天，烈日当空，两个月下来，晒盐就成功了。仅靠晒盐，海盐的产量很少，范蠡心想，要发动更多的人加入到盐场来才好。

他刚建好盐场，空闲时间就到周边百姓家走访，看到家家户户都有煮盐的锅，但产出的盐都要靠人挑步行到很远的城里卖。临淄不缺盐，价格卖得很低，仅能糊口而已。不久，他贴出告示，鸱夷盐场大量收购海盐，招收有经验的盐工。当地百姓喜出望外，纷纷把家中的存盐送到盐场，又开始了燃火煮盐，渤海滩热闹起来。盐场的煮锅从起初的几口变成了几十口，日夜不停，海盐的产量提升飞快。

　　鸱夷盐场的海盐颗粒硕大、色泽发亮。到了冬天，范蠡的马队驮着盐运到了秦、晋等国，很快就被抢购一空。当地商家也抓住商机，主动与盐场建立长期供货关系。范蠡的马队返回时，又带回秦国上等的皮毛、药材等特产。在秦国，他发现秦人以家有青铜器为荣，想到青铜器的产地是中原商洛一带，就派儿子范智带人去商洛收集青铜器，再运到秦国售卖。这些出产自商洛的器皿，制作精美，光亮耀眼，都铸着"商"字。秦国人看到运货的马车进城了，大呼小叫，"商人来啦"，纷纷争相购买。

　　几年下来，鸱夷子皮的生意越做越顺，财富的雪球越滚越大。有人传说他富可敌国，有点石成金之术。当时的齐国国君也几次派人邀请范蠡出山，帮着献计出策，发展齐国经济。他非常警觉，不愿参与政治，遂将钱财散尽，又悄然离开临淄，潜回到陶山脚下，买了一处庄园住了下来。

八、归隐

　　有一天，范蠡午后醒来，走出卧室，抬头看见一颗白日流星从头顶倏然消逝。他心中一惊，似有不祥之感，问身旁的夫人："范兴是否回来？"

　　夫人婉玉摇了摇头，说："按照常理，宛邑来回，他应该早到家了，不会有什么事吧？"

　　范蠡闭上眼睛，却仍能感觉到眼皮在跳动。不一会儿，跟随范兴去宛邑买牛的仆人鲁大回来了，他哭丧着脸，见到范蠡就跪下了。

　　范兴果真出了意外。

　　范蠡育有三子，自步入古稀之年，就有意将生意上的事交与儿子们打理。这三个孩子各有性格，老大从小跟着奔波，吃苦耐劳，节衣缩食，生意也是老实本分，诚信有加。二儿子对农事经商兴趣不大，却喜欢舞刀弄剑，争强好胜。小儿子是在齐国出生的，娇生惯养，花钱大手大脚，从来不知赚钱的辛劳。

一月前，范蠡看到庄园里的牛不如家乡宛邑的品种好，就遣次子范兴跑一趟，买十几头良种牛回来，顺道看望一下多年未联系的兄长范伯。

范兴到了牛市，精心挑选了一批个头高大、毛色发亮的黄牛。心想，这件事办得漂亮，父亲见到这些牛，耕地拉车都是顶呱呱，一定会很高兴。

他正在兴头上，刚走出牛市，一伙人拦住了去路。为首的男子，衣着艳俗，流里痞气，吊着眼睛问："知道这里归谁管吗？"

范兴不知对方来路，一时答不上话。

"货物进出，不交税就想跑，罪加一等，税增十倍。"

这时有好心人悄声告诉范兴，此人乃县尹之子，每天都在集市上敲竹杠，赶紧使钱打理，不然是走不出市场的。范兴领会，连忙道歉，并悄悄塞了一锭黄金到他手中。可对方并不领情，一手拂落范兴手中的黄金，身旁的那伙人一拥而上将他按住，要送去官府。

范兴用力挣脱，与这伙人对打起来，他趁其中一人不注意，拔出腰间的剑。这伙人仗着人多势众，谅他不敢动剑，也不退缩，继续纠缠着撕打。范兴与同行的仆人鲁大被围在中间，吃了不少拳头。

范兴忍无可忍，动怒挥剑，原本想吓一吓这伙人，没想到为首的县尹之子张狂，脚下一滑，向前扑倒，被剑刺中胸口，当场身亡。

范兴心想，好汉做事好汉当，这伙人欺行霸市，无理在先，投了官总有个公理要讲吧！但哪里知道，县尹见儿子死了，大发雷霆，编了一条"聚众谋逆，故意杀人"的罪名，将范兴押送到郓都，打入死牢。

鲁大火速赶回来搬救兵，把事情的前因后果说了一遍。夫人一听，晕倒在地。待她醒来，紧紧抓住范蠡的手，说："世上之事，没有先生做不到的，快救救儿子！"

范蠡心想，杀人偿命，王法难违呀！但亲生儿子犯了事，无论什么结果，还是要尽力去试一试。他命人将一千镒黄金封在陶坛里，写了一封信，然后把小儿子范诚叫来，遣他去郢都找一个叫庄先生的人，只管把信和黄金交给他就行。

这时范智闯进来，急匆匆地说："父亲，小弟平时只会玩乐，救二弟之事非同小可，我是家中长子，理应担当，就让我去吧！"

范蠡不答应，但范智不依不饶，执意要一同前往。夫人也在一旁认为范智年长，沉着稳重，同去办事更放心，他才松了口。临行前，他又叮嘱兄弟俩，只管把信和黄金送到人手上就好了。

范智带着信和黄金，费了一番周折才找到住在城外的庄先生家。只见庄先生家房屋破旧，家徒四壁，老人穿着朴陋，怎么也看不出是有能耐救出二弟的人。他心里直犯嘀咕："父亲名闻天下，怎么会有这样的穷朋友呢？"

听明来意，老先生拆阅来信，二话没说就收下了黄金，嘱咐范智兄弟不要逗留，回家去等消息。

走出庄先生家，范智越想越不对劲，决定留在郢都，再找别的朋友想想办法。

庄先生虽贫穷，但在楚国以廉直闻名，深受国君敬重。过了一天，庄先生面见楚惠王，说："近来老朽观天象，有异常之兆，恐于国民不利。"

楚惠王一听甚是紧张，连忙请教化解灾害之法。

庄先生说："广布德政。"

楚惠王当即传令，要大赦天下。

消息很快传遍了宫内，范智这几日在都城结交了不少王公贵族，他们原本受了范智的托请，做个顺水人情，连忙把这个好消息告诉了他。

范智心想，大赦天下，不就意味着二弟也将获释吗？可惜了那万两黄金，父亲送错了人，让那老头得了便宜。

范智心生一计，再次跑到庄先生家。

老人说："你怎么还没回家？"

范智说："父亲担心，嘱我在都城等待消息。今闻楚王大赦天下，真是太巧了！"

庄先生一听，知道他的言外之意，就冷冷地说："东西还在里屋，原封未动，你取回去吧。"他知道范蠡轻易不会找人求助，本也没想收下老朋友送的黄金。原想等事办成后退还，但事还未了，这父子俩竟然演了这一出。

范智喜滋滋地搬走了黄金。

次日，又传来消息，范智听后，有如五雷轰顶。庄先生对范智上门讨要黄金一事极为不满，心想："范蠡你聪明一世，也有糊涂一时的时候呀！"他连夜进宫，又对楚惠王说："天象异常，大王广布德政是对的，但我听市井议论，富商朱公之子杀人，大赦天下是为了赦免其罪，这是大王受了朱公的贿赂。"

楚惠王大怒："岂有此理！朱公再有钱，也绝不能改变楚国的王法。"他重新宣布法令：先杀了范兴，过两日再大赦天下。

驮着范兴尸首和黄金的牛车回到了陶山。范蠡悲痛难抑，命人将千镒黄金都投入湖中，长叹一声："人死了，还要这钱有何用处？"其实，他早料到范智出手，事情恐会生变。小儿子范诚花钱无度，吃苦耐劳的范智知道赚钱不易，把钱看得太重，反将事情办砸了。

秋凉如水，天上一只孤独的大雁哀鸣而过。范蠡仰天长笑，一颗颗滚圆的泪珠却从脸上扑簌

范蠡觉得仿佛泛舟去了一个小岛，岛上郁郁葱葱，水声潺动，忽然听到一缕熟悉的琴声飘来。

落下。

从此之后，范蠡将全部生意交给大儿子范智，又让小儿子范诚拜名师学习，自己一身清闲，埋首读书、整理记录他的《绝世富经》，或抚琴、垂钓，安享天伦之乐。

公元前448年的小阳春，陶山色彩斑斓，桃红柳绿，芬芳扑鼻，美景如画。一天日暮时分，天边云霞似火，湖面波光潋滟，范蠡躺在家门口的那棵大树下的竹椅之上，耳畔传来陶山集镇街头巷尾的欢声笑语。昔日的一个荒僻之地，十余年时间，已是农牧渔商各安其业，男耕女织其乐融融。他阖上双眼，沉沉入睡，仿佛泛舟去得湖上一小岛，岛上郁郁葱葱，水声潺动，忽然听到一缕熟悉的琴声飘来。琴音飘逸，如离人互诉衷肠，凄美缠绵，这正是他当年为西施谱的乐曲。他跟跄着循声而寻，却终未寻见任何人影，而琴声依旧，如天籁之音久久缠绕。失落的他，走出密林，眼前却浮现出被视为再生故乡的陶山，一座不一样的陶山，山体通透，翠色欲滴，那些在他生命中经历过的熟悉面孔和身影，往返逡巡，默然不语，又含笑远去。

八十八岁的范蠡感觉满身轻盈，微风四起，他像是一根羽毛，随风飘荡，越来越高。

无疾而终的范蠡，后来就埋在了陶山主峰西麓（今山东肥城湖屯镇幽栖寺村）。墓地四周，松柏苍苍，湖光山色，尽收眼底。后人在这里建庙立祠，为他塑身造像，祭拜祈福。这位人称陶朱公的商人，留下了很多聚财散财、发家致富、乐善好施的传奇故事，成为人们心中的财神、商圣。

陶朱公墓地前矗立着一块高高的石碑，上面刻着秦国丞相李斯的篆书碑文："忠以事君，智以保身，千载而下，孰可比伦？"

范蠡

生平简表

●◎（东）周景王九年、鲁昭公六年（前536）

出生于宛地（今河南南阳）一个叫三户邑的小村庄。

●◎周敬王四年、鲁昭公二十六年（前516）

宛县尹文种慧眼识珠，结识范蠡。楚平王卒，楚昭王继位。吴子胥奔吴第六年。

●◎周敬王九年、鲁昭公三十一年（前511）

入越。

● ◎ 周敬王二十四年、鲁定公十四年（前496）

越王允常病逝，勾践继位。吴王阖闾率兵攻越失败，负伤身亡。

● ◎ 周敬王二十六年、鲁哀公元年（前494）

勾践伐吴，与文种等一同被重用，兵败会稽山，派人乞降于吴王。

● ◎ 周敬王二十七年、鲁哀公二年（前493）

与勾践一起入吴为奴。

● ◎ 周敬王三十年、鲁哀公五年（前490）

与勾践一起离吴返越。

● ◎ 周敬王三十四年、鲁哀公九年（前486）

劝阻勾践起兵伐吴。

● ◎ 周敬王三十六年、鲁哀公十一年（前484）

吴再次伐齐，战于艾陵，越王君臣朝见吴王，贿赂伯嚭等吴国大臣。夫差动怒杀伍子胥。

● ◎ 周敬王三十八年、鲁哀公十三年（前482）

黄池之会，吴、晋议和，吴王夫差被尊为中原霸主。越王勾践乘机率兵袭击吴国，大败吴太子守军，吴、越讲和。

● ◎ 周敬王四十一年、鲁哀公十六年（前479）

越兴师伐吴，兵至五湖。

● ◎ 周敬王四十二年、鲁哀公十七年（前478）

越伐吴，双方战于吴江，越军大败吴师。

● ◎ 周元王二年、鲁哀公二十一年（前474）

越围吴，范蠡采用围而不攻的战略，令吴军自溃。

●◎周元王三年、鲁哀公二十二年（前473）

_____

越灭吴，夫差自杀。

●◎周元王八年、鲁哀公二十七年（前468）

_____

越王勾践实现霸业，范蠡泛舟五湖。

●◎周贞定王四年、鲁悼公三年（前465）

_____

越王勾践卒，范蠡移居齐国临淄，踏上经商之路。

●◎周贞定王二十一年、鲁悼公二十年、楚惠王四十一年
（前448）

_____

范蠡卒于陶山，时年八十八岁。

中华书局

初版责编　陈　虎　董邦冠